BIBLIOTHÈQUE
DE PHILOSOPHIE CONTEMPORAINE

LES PROBLÈMES

DE

L'ESTHÉTIQUE

CONTEMPORAINE

PAR

J.-M. GUYAU

DIXIÈME ÉDITION

PARIS

LIBRAIRIE FÉLIX ALCAN

108, BOULEVARD SAINT-GERMAIN, 108

1921

LES PROBLÈMES

DE

L'ESTHÉTIQUE CONTEMPORAINE

LES PROBLÈMES

DE

L'ESTHÉTIQUE

CONTEMPORAINE

PAR

J.-M. GUYAU

———

DIXIÈME ÉDITION

———

PARIS

LIBRAIRIE FÉLIX ALCAN

108, BOULEVARD SAINT-GERMAIN, 108

1921

PRÉFACE

La science tend de nos jours à envahir tout le
domaine intellectuel. L'humanité avait jusqu'ici vécu
surtout de ces trois choses : la religion, la morale,
l'art. Or l'esprit scientifique a presque entièrement
détruit les bases des diverses religions ; il s'attaque
aujourd'hui aux principes reçus de la morale ; — il
n'est pas porté à respecter davantage l'art, ce dernier
refuge du « sentimentalisme. »

Les grands artistes avaient cru de tout temps au
caractère sérieux et profond de l'art ; ils l'estimaient
plus vrai et plus important que la réalité même :
ils lui vouaient leur vie, se dépensaient pour lui
sans compter. Ce respect de l'art, chez les plus mystiques d'entre eux, devenait une sorte de culte :
Beethoven, en écoutant intérieurement ses symphonies, croyait, nous dit-il, entendre Dieu même parler
à son oreille, et sans doute, aux yeux de Michel-Ange,
les fresques dont il couvrait la Chapelle Sixtine
étaient une nouvelle consécration, aussi auguste
que celle du prêtre. Nous sommes loin aujourd'hui
de cet ordre d'idées, si l'on en juge par les théories
sur l'art qui sont le plus en faveur auprès des savants,
souvent même des philosophes. Une première théorie
scientifique et philosophique ramène l'art, comme le
beau même, à un simple *jeu* de nos facultés ; du reste,

elle ne prétend pas le détruire, elle lui laisse même
espérer une part croissante dans la vie humaine : car
il est un exercice, assez vain sans doute, mais pourtant hygiénique, de nos facultés les plus hautes. —
Jusqu'à quel point cette théorie est-elle vraie ? C'est
là un premier et important problème, relatif à la
nature même de l'art.

A cette théorie sur le jeu esthétique vient bientôt
s'en ajouter une autre plus radicale : si l'art n'est que le
jeu des hommes, il est infiniment au-dessous du travail
sérieux de la science ; dès lors, a-t-il bien devant lui
cet avenir qu'on lui promet ? Le jeu est plus nécessaire aux enfants qu'à l'âge mûr ; dès maintenant
il y a un certain nombre d'hommes positifs pour
lesquels l'art est un véritable enfantillage : l'humanité future ne leur ressemblera-t-elle pas ? L'art en
apparence le plus ennemi de l'esprit scientifique,
c'est la poésie : des objections particulières lui sont
adressées. Le rythme compliqué du vers, la rime,
cet arrangement délicat des mots qui semble si artificiel au premier abord, est ce qui déplaît le plus au
rigorisme de l'esprit scientifique. On a comparé irré-
vérencieusement les poètes à ces joueurs de flûte qui
distrayaient les oreilles des anciens pendant leurs
repas ; aujourd'hui nous nous passons de joueurs de
flûte en dînant, et nos repas n'en sont pas moins animés. Le banquet de l'humanité pourra ainsi, dit-on,
se passer des poètes, mais non des savants, qui pré-
pareront seuls le solide du festin et qui entendent le

manger seuls. — Ainsi se pose un second problème,
relatif à l'*avenir* de l'art et de la poésie.

Enfin, les artistes eux-mêmes contribuent de nos
jours à déprécier l'art en le réduisant à une pure
question de forme, de procédés et de savoir-faire.
Les peintres vantent ce qu'ils appellent, dans le trivial argot du métier, la *patte* et le *chic*; les poètes vantent la *rime riche*. La forme devient l'unique objet
de la préoccupation générale; et non seulement en
théorie, mais en fait, l'art semble un simple jeu
d'adresse, où c'est une preuve de force que de tricher
quelquefois, de savoir leurrer les yeux ou les oreilles.
— De là un troisième problème, relatif à la *forme* de
l'art et surtout de la poésie, l'art qui semble le plus
abaissé depuis un certain nombre d'années.

Ces trois problèmes dont nous venons de parler
sont essentiels; ils sont, en conséquence, de tous les
temps, mais ils ont une particulière « actualité » à
notre époque de science positive. Sans vouloir
attribuer à l'art le caractère mystique qu'on lui a
donné quelquefois, nous nous proposons de rechercher s'il consiste simplement, comme l'affirment les
philosophes et les artistes contemporains, dans un
jeu de couleurs ou de sonorités. Le principe de l'art,
selon nous, est dans la *vie* même; l'art a donc le
sérieux de la vie. L'objet de notre livre tout entier,
c'est d'établir ce caractère sérieux de l'art et surtout
de la poésie 1° dans son principe et son fond, 2° dans
son développement futur. 3° dans sa forme même,

qui doit emprunter à la pensée et au sentiment
toute leur sincérité. Si nous parvenons à établir
ces trois points, nous aurons ainsi défendu l'art
et la poésie contre les philosophes et les savants;
ajoutons : contre les artistes et les poètes. Rien de
moins compatible avec le sentiment vrai du beau
que ce dilettantisme blasé, pour lequel toute impression se restreint à une sensation plus ou moins raf-
finée, se réduit à une simple forme intellectuelle, à
une fiction fugitive, pur instrument de jeu pour
l'esprit. Tout ce qui glisse ainsi sur l'être sans le
pénétrer, tout ce qui laisse *froid* (suivant l'expression
vulgaire et forte), c'est-à-dire tout ce qui n'atteint
pas jusqu'à la *vie* même, demeure étranger au beau.
Le but le plus haut de l'art, c'est encore, en somme,
de faire battre le cœur humain, et, le cœur étant le
centre même de la vie, l'art doit se trouver mêlé à
toute l'existence morale ou matérielle de l'humanité.
Que restera-t-il un jour de nos diverses croyances
religieuses et morales? Peu de chose peut-être. Mais,
si on nous demande ce qui restera des arts, de la
musique, de la peinture, et particulièrement de cet
art qui réunit en lui tous les autres et qui mérite
d'être étudié à part, la poésie, nous croyons qu'on
peut répondre hardiment : — tout, — du moins
tout ce qu'il y a de meilleur, de profond et, encore
une fois, de sérieux.

Les *Problèmes de l'esthétique contemporaine* furent écrits par Guyau à Nice et à Menton, et publiés en 1884. Guyau avait alors vingt-huit ans. Les diverses parties de ce livre furent publiées d'abord dans la *Revue des Deux Mondes* et dans la *Revue philosophique*. La théorie de l'art comme étant, non un jeu, mais une expansion de la vie en ce qu'elle a de sérieux et de profond, était une réaction très originale contre les doctrines en vogue depuis Kant et Spencer.

Renouvier essaya, dans la *Critique philosophique*, tout en prodiguant les éloges au jeune auteur, de défendre la théorie de Kant et de Schiller sur le jeu ; mais cette défense ne pouvait prévaloir contre le grand mouvement d'alors en faveur de la *vie* comme principe de l'art et de la morale, mouvement dont Guyau avait été chez nous l'initiateur.

Nietzsche devait, à son tour, soutenir la théorie du sérieux dans l'art — une des formes du déploiement de puissance — et réagir, comme Guyau, contre le dilettantisme à la mode.

La théorie de Guyau sur la forme poétique et sur le vers, exposée dans la dernière partie de son livre, n'attira pas moins l'attention que le reste de la doctrine. Certains poètes, comme de Banville, Sully-Prudhomme, Mme Ackermann, défendirent la forme *plastique* du vers et la rime riche ; mais Guyau avait le sentiment d'une sorte de musique nouvelle dans le vers, destinée à l'affranchir des formes trop peu souples et trop peu fluides sans pour cela l'affranchir du rythme essentiel à sa poésie.

Il donna lui-même l'exemple dans ses beaux *Vers d'un philosophe*. De fait, les philosophes applaudirent tout ensemble à sa théorie et à sa tentative.

Renouvier, qui avait écrit beaucoup de vers dans sa jeunesse, accepta entièrement les principes de Guyau sur la versification. Taine, à son tour, félicita le jeune philosophe-poète et lui écrivit :

« Mon sentiment, en fait de métrique, est le même que le vôtre. Je souffre en lisant les vers désarticulés et cassés qu'on nous offre aujourd'hui. Votre citation de Musset est, à mes yeux, décisive. Sur le fond des choses, je suis aussi tout à fait de votre avis et je suis bien content de voir que vous aimez *Aurora Leigh*, le plus vivant et le plus sincère des poèmes philosophiques. » (Lettre du 10 mai 1884).

Les *Problèmes de l'esthétique contemporaine* ont pour naturel complément l'*Art au point de vue sociologique*. Le premier livre montre le côté *vital* de l'art, je veux dire son lien essentiel avec la vie ; le second livre montre son côté *social*, je veux dire son lien avec la société, ou, plus profondément encore, son essence sociale. Par ces deux livres, on peut dire que Guyau a fondé l'esthétique nouvelle. Tout ce qu'on dira désormais de vrai et de profond sur l'art rentrera nécessairement, croyons-nous, dans la double conception de l'art comme expansion vitale et de l'art comme expansion sociale. La *vie* est déjà une *société* de vivants ; la *société* est elle-même une vie collective, consciente des diverses vies qui la composent. Le sentiment de la vie est donc bien l'essence même de l'art ; loin de se jouer à la surface des choses, l'art nous fait sympathiser avec la vie qui en est le fond (¹).

Alfred Fouillée.

(1) Pour l'appréciation détaillée de l'esthétique et de la poésie de Guyau, voir notre livre : *La Morale, l'Art et la Religion selon Guyau*, et notre préface de l'*Art au point de vue sociologique*.

LIVRE PREMIER

LE PRINCIPE DE L'ART ET DE LA POÉSIE

LIVRE PREMIER

PRINCIPE DE L'ART ET DE LA POÉSIE

J'observais l'autre jour un très jeune enfant qui jouait
dans une chambre : un rayon de soleil étant venu à passer
au travers des volets fermés, l'enfant courut vers ce trait
lumineux qui fendait l'air, pour essayer de le saisir entre
ses mains ; à son grand étonnement, la clarté blanche se
déroba à ses prises : elle etait seulement dans son œil.
L'humanité a fait, dans le cours des temps, bien des découvertes analogues. Le beau et le bien, après avoir été consi-
dérés longtemps comme des réalités métaphysiques, tendent pour ainsi dire à rentrer en nous ; ce ne sont plus,
aux yeux des savants modernes, que les effets de notre
propre constitution intellectuelle. Le beau, par exemple,
selon l'école de l'évolution, se ramène à une certaine
espèce de plaisir, lié comme tout plaisir au développement
de la vie : supprimez les êtres vivants dans l'univers, vous
en supprimez le beau, de même qu'en ôtant l'œil, vous

ôtez la lumière et les couleurs. Toute la poésie de la nature est dans les cerveaux humains.

En esthétique comme en métaphysique, la critique de Kant a devancé sur plus d'un point l'empirisme anglais. Le premier, Kant opposa nettement — et même avec excès — l'idée de beauté à celles d'utilité et de perfection, il ramena le beau à l'exercice désintéressé, au « libre jeu de notre imagination et de notre entendement » Schiller, formulant avec plus de clarté la même pensée, en vint à dire que l'art était par essence un jeu. L'artiste, au lieu de s'attacher à des réalités matérielles, cherche l'apparence et s'y complaît ; l'art suprême, c'est celui où le jeu atteint son maximum, où nous en venons à jouer, pour ainsi dire, avec le fond même de notre être · telle est la poésie, et surtout la poésie dramatique. De même, dit Schiller, que les dieux de l'Olympe, affranchis de tout besoin, ignorant le travail et le devoir, qui sont des « limitations de l'être, » s'occupaient à prendre des personnages de mortels pour jouer aux passions humaines ; — « ainsi, dans le drame, nous jouons des exploits, des attentats, des vertus, des vices, qui ne sont pas les nôtres ⁊

La théorie de Kant et de Schiller se retrouve chez Herbert Spencer et chez la plupart des esthéticiens contemporains, mais formulée plus scientifiquement et rattachée à l'idée de l'évolution[1]. Même en France, les dis-

1. M. Spencer reconnaît lui-même de quelle source lui vient l'idée maîtresse de sa théorie du beau : « Il y a plusieurs années, dit-il, je rencontrai dans un auteur allemand cette remarque, que les sentiments esthétiques dérivaient de l'impulsion du jeu. Je ne

ciples de Kant finissent par s'accorder avec ceux de
M. Spencer sur l'analogie qui existe entre le plaisir du
beau et le plaisir du jeu[1]. Enfin, en Allemagne, l'école de
Schopenhauer considère aussi l'art comme une sorte de
jeu supérieur, propre à nous consoler quelques instants
des misères de l'existence et à préparer un plus entier
affranchissement par la morale

Quelque complet que semble l'accord des écoles actuelles
sur l'identité de l'art et du jeu, il est permis de se demander
si la théorie, aujourd'hui en faveur, a bien saisi la vraie nature
des sentiments esthétiques. En s'attachant d'une manière
exclusive au plaisir de la contemplation pure et du jeu,
en voulant désintéresser l'art du vrai, du réel, de l'utile et

me rappelle pas le nom de l'auteur ; mais la proposition elle-même
est restée dans ma mémoire comme offrant sur ce point, sinon la
vérité même, du moins une esquisse de la vérité. » M. Grant Allen,
dans son *Esthétique physiologique*, a déduit de cette notion fondamentale une théorie de l'art ; en même temps, il a tenté
d'expliquer par la « sélection sexuelle, » où le plaisir du beau a un
si grand rôle, le développement de nos sens esthétiques, principalement du sens de la couleur. M. James Sully, dans son important
ouvrage sur *la Sensation et l'Intuition*, a également appliqué aux
arts la théorie de l'évolution universelle.

1. Suivant M. Renouvier et l'école criticiste, l'imagination poétique est de nos jours dans un état d'infériorité parce qu'elle se
prend et qu'on la prend « trop *au sérieux;* » elle n'ose s'étendre
librement, de peur de la raison ; il faut, au contraire, qu'elle se joue
en pleine liberté et « abandonne toute prétention directe sur le vrai
et sur l'utile. » Alors seulement la poésie et l'art en général « arrivera
à son plein affranchissement. » La première condition de toute œuvre d'art, c'est le *désintéressement* du vrai et de l'utile, « parce que
ni l'utilité ni la vérité n'en doivent être les objets propres et directs,
mais seulement l'émotion et la beauté. » (*Critique philosophique*,
4e année, I, 304.) — Nous aurons à rechercher précisément s'il peut
y avoir une vive émotion esthétique en dehors de toute vérité, de
toute réalité, et même de toute utilité.

du bien, en favorisant ainsi une sorte de *dilettantisme*, n'a-t-elle point méconnu le caractère sérieux et pour ainsi dire vital du grand art ? C'est là un premier et important problème, sur lequel se porte aujourd'hui l'attention de tous ceux qui s'intéressent aux destinées de l'art en général et particulièrement de la poésie.

Guyau écrivit ce livre à Menton, dans les années 1880 à 1884. L'ouvrage parut à la fin de l'année 1884. Les deux premières parties avaient été d'abord publiées dans la *Revue des Deux Mondes*, la troisième, dans la *Revue philosophique*. Taine était de ceux qui avaient encouragé Guyau à écrire ce livre : « J'apprends avec plaisir, lui écrivait-il le 25 octobre 1880, que vous allez publier deux ouvrages sur le rapport de la philosophie avec la poésie et sur la religion. Dans le désordre et l'abaissement général de notre littérature, les réflexions que vous ne pouvez manquer de faire seront précieuses. Il me semble que la plupart des écrivains nouveaux manquent de culture philosophique et en général de culture. Vous leur donnez un bon exemple et vous leur donnerez un bon avis.

Tolstoï, dans son livre *Qu'est-ce que l'Art ?* a cité les *Problèmes de l'esthétique contemporaine*, mais sans faire remarquer que l'auteur de ce livre de l'*Art au point de vue sociologique* avait mis en lumière bien avant lui la nature sociale de l'art et son rapport essentiel avec la vie.

ALFRED FOUILLÉE.

CHAPITRE PREMIER

I. — Il est un point que l'école anglaise a eu le mérite
de bien mettre en lumière : c'est le rôle du jeu dans l'évolution des êtres vivants. Les animaux très inférieurs ne
jouent guère ; ceux qui, « grâce à une meilleure nutrition, »
ont un surcroît d'activité nerveuse, éprouvent nécessairement le besoin de le dépenser : ils jouent. Tout organe
qui est resté longtemps en repos est comme une pile char-
gée d'électricité en tension croissante, qui demande à se
décharger par l'action. M. Spencer cite l'exemple des rats
rongeant même ce qui ne peut les nourrir, afin d'occuper
l'activité de leur système dentaire ; — des chats qui, dans
la vie tranquille où nous les avons réduits, éprouvent
cependant le désir d'exercer leurs griffes et, à défaut de
proie, égratignent une chaise ou un arbre ; — des girafes.
habituées dans les hautes forêts à cueillir les branches
d'arbres avec leur langue et qui, en captivité, continuent
d'utiliser leur langue à tirailler les parties intérieures du
toit ou à aplanir les angles supérieurs des portes. Des
organes moins grossiers, comme les yeux et les oreilles,

n'éprouvent pas un moindre besoin d'activité : de là cette gêne, cette souffrance-vague que nous cause le silence absolu des hauts sommets ou des mines très profondes. On comprend donc que tout organe saisisse avec plaisir une occasion de s'exercer, même si cette occasion n'est pas utile et sérieuse. Le jeu, chez les animaux, consiste à simuler les actes ordinairement utiles pour leur existence ou pour celle de leur espèce : ces actes, en effet, par cela même qu'ils sont les plus habituels, offrent au trop-plein de force nerveuse une pente facile et des voies d'écoulement. Le chat et le lion guettent une boule, bondissent et la roulent sous leurs griffes : c'est la comédie de l'attaque. Le chien court après une proie imaginaire ou fait semblant de combattre avec d'autres chiens : il s'irrite par la pensée, montre les dents et mord à la surface. La lutte pour la vie, simplement simulée, est donc devenue un jeu. Il en est de même chez les hommes. Les jeux des enfants, celui de la poupée et celui de la guerre, sont la comédie des occupations humaines. Outre le plaisir de l'imitation, il faut voir là, selon M. Spencer, le plaisir de mettre en œuvre des énergies encore inoccupées, des instincts inhérents à la race. Dans presque tous les jeux, la satisfaction la plus grande est de triompher sur un antagoniste ; or l'amour de la victoire est, comme la victoire même, une condition d'existence pour toute espèce vivante ; aussi avons-nous un perpétuel besoin de le satisfaire. A défaut de triomphes plus difficiles, tel ou tel jeu d'adresse nous suffit. Sans le savoir, un pacifique joueur d'échecs obéit encore à l'esprit conquérant de ses ancêtres. Nous avons tous un certain besoin de nous battre, qui se traduit dans les salons par des traits bien aiguisés, comme ailleurs par des jeux de mains, comme chez les animaux par de petits coups de dents ou de griffes donnés et reçus sans fâcherie. Le combat est donc l'une des sources les plus profondes du jeu, et tout jeu, chez les peuples encore sauvages, tend à prendre ouvertement la forme d'un combat : leurs danses, leurs chants sont en partie une représentation de la guerre. On pourrait donc, en continuant la pensée de M. Spencer, aller jusqu'à dire que l'art, cette espèce de jeu raffiné, a son origine ou du moins sa première manifestation dans l'instinct de la lutte, soit contre la nature, soit contre les hommes ; il est resté même aujourd'hui, pour notre société moderne, une sorte de dérivatif ; c'est un emploi non nuisible du surplus de forces devenues libres par la pacification générale, et il constitue dans le mécanisme social comme une soupape de sûreté.

Nous pouvons comprendre maintenant comment le jeu nous cause du plaisir, en employant le superflu de notre capital de force. Passons, avec les partisans de l'évolution, à l'analyse du plaisir esthétique proprement dit. Ce qui le caractérise, suivant M. Spencer, c'est qu'il n'est pas lié aux fonctions vitales, c'est qu'il ne nous apporte aucun avantage précis ; le plaisir des sens et des couleurs, ou même celui des odeurs subtiles, naît d'un simple exercice, d'un simple jeu de tel ou tel organe, sans profit visible ; il a quelque chose de contemplatif et d'oisif : c'est une jouissance de luxe. Quand nous entendons à la campagne la cloche du dîner, ce son n'est pour nous qu'un appel, et, en l'entendant, ce n'est pas a lui que nous faisons attention, c'est au repas qu'il annonce ; au contraire. un carillon flamand nous forcera à l'écouter pour lui-même ; il ne nous annoncera rien, il ne nous servira à rien, et cependant il nous sera agréable. M. Spencer, en analysant le sentiment du beau, finit par arriver à une conséquence assez curieuse, déjà exprimée par Kant : c'est que le sentiment du beau est plus désintéressé que celui même du bon et du juste. En effet, M. Spencer, comme Darwin et toute l'école évolutionniste, donne pour origine première aux sentiments moraux le besoin et l'intérêt ; les sentiments esthétiques, au contraire, se ramenant au jeu, sont plus purs de toute idée utilitaire. Le beau a tout ensemble cette infériorité et cette supériorité sur le bien, qu'il est inutile. « Ce n'est pas le cri du désir, avait dit Schiller, qui se fait entendre dans le chant mélodieux de l'oiseau. »

Tels sont les principes généraux qui dominent la théorie évolutionniste du beau.

Pour compléter cette théorie, nous ajouterons que, si l'art ne sert pas à la vie d'une façon directe et immédiate, il finit par en aider le plein développement ; selon nous, c'est une gymnastique du système nerveux, une gymnastique de l'esprit. Si nous n'exercions tour à tour tous nos organes de la manière la plus complexe, il se produirait en nous une sorte de pléthore nerveuse, suivie d'atrophie. La civilisation humaine, qui multiplie en chacun de nous les capacités de toute sorte et qui en même temps, par une véritable antinomie, divise à l'excès les fonctions, a besoin de compenser par les jeux variés de l'art l'inégalité de travail à laquelle elle contraint nos organes. L'art a ainsi son rôle dans l'évolution humaine : son extinction en marquerait peut-être la fin ; son progrès a coïncidé jusqu'ici avec celui de la vie et de la civilisation : quoi qu'on en puisse dire, il y a donc des raisons l'espérer que l'art jouera dans l'existence de l'homme un rôle de plus en plus considérable. Notre organisme, en se perfectionnant, en viendra à économiser toujours plus de force, comme le font nos machines ; de cette manière il en aura toujours davantage en réserve ; or, nous le savons, c'est l'art qui doit employer le surplus de force non utilisé dans la vie courante. L'art ira ainsi doublant et triplant notre existence : une vie d'imagination se superposera à l'existence réelle, et c'est en elle que se répandra tout le trop-plein de nos sentiments ; elle sera la perpétuelle revanche de nos facultés non employées. On peut concevoir que l'art, ce luxe de l'imagination, finisse par devenir une nécessité pour tous, une sorte de pain quotidien[1].

II. — Malgré la vérité que renferme, ainsi complétée, la théorie évolutionniste du beau, elle ne nous semble pas à l'abri de sérieuses objections.

D'abord, si tout art est un jeu et si tout jeu n'est pas de l'art, comment distinguerons-nous l'un de l'autre ? Selon M. Grant Allen, le jeu serait « l'exercice désintéressé des fonctions *actives* (course, chasse, etc.), » l'art,

____

1. C'est une question sur laquelle nous reviendrons dans le livre II.

celui des *fonctions réceptives* (contemplation d'un tableau, audition de la musique). Cette définition, qui enlève à l'action tout caractère esthétique, nous semble inacceptable. Il s'ensuivrait qu'un mouvement gracieux ne serait tel que pour les yeux des spectateurs et ne causerait aucun plaisir d'artiste à celui qui l'exécute. Les mouvements rythmés, la danse, perdraient en eux-mêmes toute valeur esthétique. Loin de contrarier ainsi le plaisir esthétique, le jeu des muscles, lorsqu'il est modéré, nous paraît y entrer comme élément. — En outre, distinguer la pure sensation de l'action est presque impossible : toute perception suppose un jeu de muscles et non pas seulement de nerfs ; l'œil juge la distance par des sensations musculaires ; l'organe vocal et les muscles de l'oreille nous fournissent des éléments essentiels dans l'appréciation du son. Il est impossible de dédoubler notre être, de supposer qu'en nous cela seul est esthétique qui est passif. Au contraire, dans les grandes jouissances de l'art, voir et faire tendent à se confondre ; le poète, le musicien, le peintre éprouvent un plaisir suprème à créer, à imaginer, à produire ce qu'ils contemplent ensuite. L'auditeur lui-même ou le spectateur jouit d'autant plus qu'il est moins passif, qu'il a une personnalité plus tranchée, que l'œuvre admirée est pour lui un sujet plus riche de pensées propres et comme un germe d'actions possibles. Lire un roman, c'est le vivre en une certaine mesure, à tel point que, si nous le lisons tout haut, nous tendons à mimer par le ton de la voix, quelquefois par le geste, le rôle des personnages. Dans une salle de théâtre, les acteurs ne sont pas les seuls à jouer la pièce ; les spectateurs aussi

la jouent pour ainsi dire intérieurement : leurs nerfs vibrent
à l'unisson, et lorsque le principal héros épouse à la fin de
'a pièce quelque amante adorée, on peut dire que toute la
salle ressent un peu de son bonheur. En général, la vivacité du plaisir esthétique est proportionnée à l'activité de
de celui qui l'éprouve : un exécutant et un artiste inspirés
jouissent donc eux-mêmes plus que leurs auditeurs.

Ainsi nous voyons s'effacer la distinction établie par
l'école de l'évolution entre le jeu et l'art. Dirons-nous donc
que tout jeu renferme des éléments esthétiques? — Cette
doctrine est plus conséquente, et elle est vraie. Le jeu, en
effet, est l'art dramatique à son premier degré. Même
quand il est purement physique, il est une mise en œuvre
de la force et de l'adresse, deux qualités essentiellement
esthétiques : l'impuissance et la gaucherie ont en elles-
mêmes quelque chose de laid et de grotesque. Au fond, ce
n'est pas sans raison que la supériorité dans les jeux de
force ou d'adresse a été de tout temps considérée comme une
qualité esthétique, un moyen pour un sexe de captiver
l'autre. Le jugement féminin est peut-être sur ce point
plus sûr que celui de nos savants.

Déjà nous avons beaucoup agrandi la définition du beau
donnée par MM. Grant Allen et Spencer. Mais l'esthétique
ne commence-t-elle vraiment qu'avec le jeu ? Tout ce qui
est sérieux en nous cesse-t-il d'être beau ? Toute action
qui a un but en dehors d'elle-même, toute action *utile* ne
peut-elle nous apparaître comme belle sous le même rapport? On se rappelle avec quel soin M. Spencer sépare le
beau de l'utile. M. Grant Allen est plus précis encore :

suivant lui, parmi les œuvres humaines, tout ce qui n'est pas expressément fait en vue d'un jeu de nos organes ou de notre imagination, tout ce qui n'est pas de l'art pour l'art, serait dépourvu de beauté ; on peut sans doute admirer une œuvre savamment adaptée à tous les besoins, comme une halle, une gare, etc.; mais tout cela ne saurait être beau. L'industrie et l'art vont en sens contraire. En systématisant la pensée de MM. Spencer et Grant Allen, il faudrait dire que la caractéristique d'un objet beau, c'est de n'avoir pas de but ou d'avoir un but *simulé* et imaginaire. La beauté consisterait avant tout dans l'inutilité, dans une sorte de tromperie que nous nous ferions à nous-mêmes : le sculpteur s'amuse avec son marbre et son ciseau comme le jeune lionceau avec la boule de bois placée dans sa cage. Aussi un objet beau, en tant que beau, ne répondrait-il jamais à un véritable besoin et ne pourrait-il exciter en nous ni désir ni crainte. Si une statue nous rendait amoureux comme Pygmalion, le but de l'art serait manqué ; de même, toute la beauté d'un drame tient à la fiction, et si les grandes scènes en étaient réalisées sous nos yeux, elles nous épouvanteraient. Ce qui est réel et *vital* exclurait donc par soi-même la beauté.

Nous devons examiner avec soin cette théorie, partagée aujourd'hui par tant de penseurs.

CHAPITRE II

LE PLAISIR DU BEAU EST-IL EN OPPOSITION AVEC LE SENTI-
MENT DE L'UTILE, LE BESOIN ET LE DÉSIR?

Dans les objets extérieurs — par exemple un pont, un
viaduc, un vaisseau — l'utilité constitue toujours, comme
telle, une certaine beauté; cette beauté se résout tantôt
dans une satisfaction de l'*intelligence*, qui trouve la chose
bien adaptée à sa fin, tantôt dans une satisfaction de la
sensibilite, qui trouve cette fin agréable et qui en jouit.
Le charme de l'utile est donc à la fois dans son caractère
ingénieux et constamment *agréable*. Un voiturier passant
sur un chemin s'écriera avec enthousiasme : « La belle
route ! » Par cette épithète, il désignera tout à la fois
l'art savant avec lequel elle a été construite et la facilité
que rencontre sa voiture à glisser sur la chaussée unie,
sans secousses et sans obstacles.

Sans doute ce charme de l'utile, que sentait si bien
Socrate, n'est pas du genre le plus élevé. Dire, avec un
certain réaliste, que les halles centrales de Paris sont
le plus splendide monument de l'architecture moderne,

c'est assurément aller un peu loin ; mais refuser, avec M. Grant Allen, tout caractère esthétique à la disposition des parties en vue d'une fin « confortable, » c'est se rejeter dans un excès contraire. M. Grant Allen, sans peut-être le savoir, tombe dans l'erreur de Kant : ce dernier, à force de séparer le beau de l'utile, finissait par l'opposer entièrement au rationnel ; il en venait à dire qu'une arabesque capricieuse est vraiment plus belle qu'une jolie femme, parce que nous concevons et imposons à tout visage humain un type de beauté trop nécessaire et trop raisonné. L'architecture, un art que M. Grant Allen oublie trop dans son *Esthétique physiologique*, fut à l'origine tout utilitaire [1]. Même maintenant, pour qu'un édifice nous plaise, il faut qu'il nous paraisse accommodé à son but, qu'il justifie pour notre esprit l'arrangement de ses parties ; une maison ornementée avec beaucoup d'élégance, mais où rien ne semblerait fait pour la commodité de l'habitation, où les fenêtres seraient petites, les portes étroites, les escaliers trop raides, nous choquerait comme un nonsens esthétique. Au contraire, toute organisation de parties,

---

1. M. Grant Allen a fait, depuis, une part plus juste à l'architecture dans une intéressante étude sur l'*Évolution esthétique chez l'homme* (*Mind.*, oct. 1880). Selon lui, l'évolution du sentiment esthétique a parcouru trois stages successifs ; ce sentiment s'est manifesté d'abord par l'amour de la parure, ensuite par l'ornementation des armes et des ustensiles domestiques, plus tard par la construction et l'ornementation des huttes ou des maisons. Dans les maisons, on a orné d'abord l'intérieur, puis, dans l'intérieur, l'endroit où pouvait pénétrer un étranger ; c'est l'origine de nos salons de réception. Plus tard, l'architecture (qui est comme le troisième art humain) s'est développée dans la construction des palais des chefs et des dieux.

par rapport à une fin, constitue un ordre, une harmonie, et depuis longtemps on a uni la beauté et l'ordre. De même que l'exercice facile de la vue offre par lui-même un caractère esthétique (c'est pour cette raison, nous le verrons plus tard, qu'on préfère les lignes courbes aux lignes brisées, plus difficiles à suivre), ainsi l'exercice aisé et rapide de ce qu'on a appelé « l'œil de l'esprit » est par lui-même agréable et beau ; or, cet exercice est toujours facilité par la disposition des choses en vue d'une fin et pour ainsi dire autour d'un centre conçu par la *pensée*. Nous aimons a retrouver dans les choses la manifestation de notre intelligence, à y voir marquée la trace de ce qu'il y a de supérieur en nous. En même temps, nous aimons à y reconnaître un caractère *agréable* fixé d'une manière définitive ; un objet qui semble toujours prêt à nous rendre service, à nous faire plaisir, et qui n'est lié d'ailleurs indirectement à aucune association désagréable, ne saurait tarder beaucoup à nous paraître beau.

Ainsi, dans les objets extérieurs, l'utilité semble être un premier degré de beauté. Passons maintenant des objets au sujet sentant. A l'utilité répond chez l'être sentant un besoin ; ce besoin, devenu conscient, donne lieu à un désir : recherchons donc si le désir peut être par lui-même la source d'émotions esthétiques.

Désirer, aimer (l'amour se réduit en partie au désir), n'est-ce pas dans une certaine mesure admirer ? — Pour notre part nous croyons qu'un désir, un amour quelconque produit dans tout notre être une excitation diffuse qui est agréable et tend à devenir esthétique, à condition que le désir ne soit pas trop violent.

Nous nous trouvons ici en butte à des objections importantes de M. Spencer. Ce dernier considère le besoin et le désir qui en naît comme excluant toute émotion esthétique. Défendant contre nous sa théorie[1], il pose ce principe : « rechercher une fin comme servant à la vie — c'est-à-dire comme *bonne* et *utile* — c'est nécessairement perdre de vue son caractère *esthétique*. » M. Spencer reprend ensuite l'exemple des halles de Paris et fait la supposition suivante : « Je suis en quête de nourriture, j'ai à trouver le marché des subsistances ; suivant des directions données, je découvre le marché central de Paris, et enfin, le reconnaissant comme tel, j'y procède à mes achats et commissions ; — je me sers alors de mes perceptions visuelles en vue de l'alimentation, pour des fins destinées à soutenir la vie. Quand j'use ainsi de mes pouvoirs visuels, j'en use d'une façon que je regarde comme *en antithèse avec leur usage pour une action esthétique...* Aussi longtemps que, dans de tels cas, l'esprit est purement occupé à guider des intérêts pour le maintien de la vie, il n'est le siège d'aucun sentiment esthétique. »

— Sans doute, répondrons nous ; car, pour éprouver un plaisir esthétique, encore faut-il d'abord éprouver un plaisir quelconque ; il n'y a rien d'esthétique dans un état indifférent et neutre, et tel est précisément celui que

---

1. Dans une lettre très intéressante qu'il nous a adressée au sujet d'une étude publiée par nous dans la *Revue des Deux-Mondes* (août 1881). Cette étude est reproduite ici même.

M. Spencer prend comme exemple. Au lieu de supposer
un besoin ou désir suivi d'un *plaisir* chez le personnage
en quête des halles de Paris, il ne suppose qu'une suite
d'efforts, de raisonnements et de calculs : or, le raisonnement est opposé au sentiment en général, à plus forte
raison au sentiment esthétique. Acheter des aliments,
faire des commissions, trouver son chemin, débattre des
prix, n'est une besogne ni agréable ni belle; mais aussi
est-elle d'une utilité encore lointaine et générale, car elle
ne produira son effet que quand l'heure du désir sera
venue. Mais supposons qu'un voyageur, fatigué d'une
longue course d'été, aperçoive aux halles un panier
rempli de raisins ou de pêches savoureuses, capables,
comme disait La Fontaine, de se faire par avance manger
des yeux ; éprouvera-t-il, en avançant la main vers ces
fruits, juste le contraire, juste « l'antithèse » du plaisir
esthétique ? Nous ne le croyons pas ; nous croyons au
contraire que certaines sensations de ce genre sont dignes
d'être mises en comparaison de telle jouissance esthétique
très élémentaire[1].

« Aussi longtemps, continue M. Spencer, que ma conscience est occupée à la fin que je poursuis, les sentiments
qui accompagnent les activités déployées dans cette poursuite ne sont qu'incidentellement reconnus, ils *n'emplissent
pas la conscience;* mais, quand on ne poursuit plus de
fin servant à la vie, alors les sentiments qui accompagnent
l'action des facultés consacrées à cette poursuite et les plai-

---

1. V. plus loin notre analyse des sensations du tact, du goût, etc.

sirs concomitants peuvent y être distinctement appré-
ciés. » — Mais, dirons-nous, tout plaisir intense est toujours « distinctement apprécié par la conscience; » or, il
n'est pas de plaisirs plus intenses que ceux qui répondent
à la satisfaction d'un besoin vital : ils « remplissent
la conscience » beaucoup mieux que telle jouissance esthétique élémentaire, par exemple celle que nous donne la vue
d'une tache lumineuse sur un fond obscur ou l'audition
d'une note de musique isolée. Il nous paraît donc impossible, pour cette raison, de considérer le désir et sa satisfaction comme essentiellement antiesthétiques; au contraire, en projetant toute la lumière de la conscience sur
leur objet, ils peuvent le transfigurer et lui créer de toutes
pièces une certaine beauté. Chaque fois qu'un désir est
puissant et continu, il tend à grouper autour de lui toutes
nos activités, à devenir, pour ainsi dire, le centre d'attraction
de l'âme humaine : c'est le cas pour le désir sexuel, foyer
perpétuel de nombreux sentiments esthétiques.

La vie humaine est dominée par quatre grands besoins
ou désirs, qui correspondent aux fonctions essentielles de
l'être : respirer, se mouvoir, se nourrir, se reproduire.
Nous croyons que ces diverses fonctions peuvent toutes
revêtir un caractère esthétique. La première semble indifférente au premier abord; pourtant, il est peu d'émotions
plus profondes et plus douces que celle de passer d'un air
vicié à un air très pur, comme celui des hautes montagnes. Respirer largement, sentir le sang se purifier au
contact de l'air et tout le système distributeur reprendre
activité et force, c'est là une jouissance presque enivrante

à laquelle il est difficile de refuser une valeur esthétique.
La ballade écossaise n'a-t-elle pas chanté avec raison
« l'air, l'air libre, qui fouette le visage et fait courir le
sang ? » — La fonction de nutrition, si intimement liée
à la précédente, n'est pas plus exclusive de l'émotion
esthétique. Le sentiment de la vie réparée, renouvelée,
rejaillissant partout du fond de l'être, la sensation du
sang qui court plus chaud dans les membres, le réveil
de la vie saisi directement par la conscience, — tout cela
constitue une harmonie véritable et profonde qui, en
elle-même, a sa beauté. Pour bien le comprendre, il faut
se rappeler ces convalescences où la prostration est si
grande que le moindre aliment amène une sorte de
renaissance physique et morale, une reprise de possession de soi. En l'état de santé, quand on écoute au fond de
soi, on entend toujours une sorte de chant sourd et doux :
se sentir vivre, n'est-ce pas là le fond de tout art comme
de tout plaisir ? — De même, il est doux et esthétiquement agréable de manifester au dehors la vie intérieure.
Bien avant la danse et les mouvements rythmés, la simple
action de se mouvoir a pu fournir à l'homme des émotions d'un genre élevé. Le libre espace a lui-même quelque
chose d'esthétique, et un prisonnier le sentira bien. On se
rappelle ces vers de Victor Hugo :

> Oh ! laissez, laissez-moi m'enfuir sur le rivage,
> Laissez-moi respirer l'odeur du flot sauvage !
> Jersey rit, terre libre, au sein des sombres mers...

Outre l'idée morale et politique (que nous négligeons),

il y a dans ces vers une sorte d'épanouissement physique :
c'est l'ivresse de la liberté en son sens à la fois le plus
élevé et le plus matériel, l'ivresse de la fuite, de la course
en plein vent, du retour à la vie presque sauvage des
champs et des grèves. — Si, des fonctions de nutrition et
de locomotion, nous passons à celles de reproduction, leur
importance au point de vue esthétique nous paraîtra encore
plus considérable. L'amour, même sous la forme du désir,
n'est-il pas un élément qui, plus ou moins voilé, joua toujours un grand rôle dans la poésie ? Il entre aussi comme
élément essentiel dans le plaisir que nous causent les
belles formes ou les belles couleurs de la statuaire et de la
peinture, les sons doux, caressants ou passionnés de la
musique. Le type de l'émotion esthétique est l'émotion de
l'amour, toujours mêlée d'un désir plus ou moins vague et
raffiné. La beauté supérieure, quoi qu'en dise Kant, est la
beauté féminine ; or, les qualités que nous trouvons les
plus dignes d'admiration chez la femme sont aussi, en
grande partie, celles qui sont de notre part l'objet du désir.
Une *belle* femme, pour un homme du peuple, est une
femme grande, vigoureuse, aux fraîches couleurs, aux
formes amples, et c'est aussi celle qui peut le mieux satisfaire l'instinct sexuel. Si, dans les classes élevées de la
société, l'idée du beau ne correspond plus aussi exactement
avec les besoins primitifs de la race et de l'individu, c'est
que ces besoins mêmes se sont modifiés d'une manière
générale et épurés peu à peu. La plus belle femme, à nos
yeux, est toujours celle qui correspond le mieux aux aspirations de notre être individuel, aux sentiments et aux

tendances qui nous sont communes avec notre époque. Il y
a longtemps qu'on l'a dit : aimer, c'est avoir le vague
sentiment de ce dont on a besoin pour se compléter soi-
même, physiquement ou moralement. Or l'amour, croyons-
nous, est plus ou moins présent au fond des principales
émotions esthétiques. L'admiration même n'est-elle pas un
amour qui commence et n'a-t-elle pas dans l'amour son
achèvement, sa plénitude ? Dira-t-on qu'aimer une femme,
c'est cesser de la trouver belle ? Certes l'art est pour une
notable partie une transformation de l'amour, c'est-à-dire
d'un des besoins les plus fondamentaux de l'être. Considérer le sentiment esthétique indépendamment de l'instinct sexuel et de son évolution, nous semble donc aussi
superficiel que de considérer le sentiment moral à part des
instincts sympathiques, où l'école anglaise elle-même voit
la première origine de la moralité.

Si les organes de la vue ou de l'ouïe, qui n'intéressent
que peu les grandes fonctions vitales, nous fournissent
pour cette raison des perceptions presque indifférentes
et sans désir, ni douloureuses, ni très agréables en elles-
mêmes, c'est plutôt là une infériorité qu'une supériorité
au point de vue esthétique. Nous verrons plus tard comment, dans la littérature et la poésie, on s'efforce de suppléer
à ce défaut de nos deux sens les plus intellectuels et les plus
abstraits. Non seulement ces sens ne nous fournissent pas
seuls nos émotions esthétiques, mais de plus nous croyons
qu'ils n'ont pas été au début et ne sont pas toujours
aujourd'hui les vrais juges du beau. Ce qui plaît à nos yeux
par exemple, c'est bien souvent ce qui plaît à nos autres

sens, plus directement liés aux fonctions vitales. De même
que le tact semble avoir appris à l'œil à juger des vraies
dimensions de l'espace, de même, c'est le tact qui, aidé
du goût, de l'odorat, de tous les sens vitaux, a enseigné le
plus souvent aux yeux ce qu'il fallait admirer, rechercher,
aimer. Les formes et les couleurs qui ont plu d'abord aux
animaux ont dû être celles des choses propres à les nourrir[1]. Chez les gens du peuple et les hommes primitifs,
l'œil et l'oreille, au lieu de décider immédiatement ce qui
est beau ou laid, ne font qu'enregistrer le jugement des
autres sens. « Quelle est cette jolie plante ? » demandais-je
à une fillette des Pyrénées. — « Ce n'est rien, cela ne se
mange pas. » — Le besoin et le désir, c'est-à-dire l'agréable,
c'est-à-dire encore ce qui sert à la vie, voilà le criterium
primitif et grossier de l'esthétique. Un *beau* pays est encore
pour les gens du peuple un pays riche où l'on mange
abondamment ; pour un marin la mer semblera *belle*
lorsqu'elle sera sûre, et laide précisément lorsque le
touriste admirera ses grandes vagues blanches ; pour
un cultivateur les charmants coquelicots rouges et les
bluets sont une tache et une laideur dans un champ de
blé. Un Américain trouvait l'Angleterre bien plus belle
que son pays, parce qu'on y peut faire des milles sans
rencontrer un arbre ailleurs que dans les haies. M. Grant
Allen cite un paysan d'Hyères qui, félicité sur la vue que
sa maison offrait du côté de la mer, se tourne à l'opposé,
vers la plaine plantée de choux, et s'écrie : « En effet, il y

1. C'est ce qu'admet M. Grant Allen, *Æsthetic evolution in man*
(*Mind.* oct. 1880).

a là une vue magnifique. » Le beau semble en grande
partie dérivé du profitable et du désirable ; pour faire la
genèse du sentiment esthétique, il faut faire l'histoire des
besoins et des désirs humains [1].

Nous objectera-t-on que le désir est essentiellement
égoïste et divise les êtres, tandis que le plaisir esthétique
les rapproche toujours dans la même jouissance et les unit ?
Nous n'admettons pas cet égoisme irrémédiable du désir
et des plaisirs qui y sont liés : tout est relatif. Il est des cas
où le plaisir esthétique est lui-même exclusif ; ces cas sont
seulement plus rares et ils le deviendront chaque jour
davantage. Le pauvre peut-il connaître aujourd'hui, si ce
n'est par hasard, tel ou tel chef-d'œuvre d'art que possèdent les riches amateurs ? Peut-il entrer gratis dans les
salles de concert ? Si les beautés de la littérature et de la
poésie sont plus à la portée de tout le monde, cela tient
à l'invention de l'imprimerie. La vue même de la beauté
féminine n'est pas libre dans tous les pays ; en Orient le
propriétaire d'une jolie femme cache précieusement
sous un voile cet objet d'art. La beauté a été assez
rarement un moyen de rapprocher et d'unir ses divers
amants. Si les Grecs firent jadis la guerre pour Hélène,

---

1. Malgré l'opposition qu'établit M. Grant Allen entre les fonctions vitales et l'émotion esthétique, il reconnaît que le besoin et le
désir a été un *facteur* essentiel dans l'évolution du sentiment du
beau (*Mind*, oct. 1880) ; pour nous, nous croyons que ce n'est pas
un simple facteur, mais un *élément* même de l'émotion esthétique.
Cet élément subsiste encore aujourd'hui et subsistera toujours.
Pourquoi établir aujourd'hui une opposition si tranchée entre le beau,
l'utile et l'agréable, lorsqu'on reconnaît qu'ils ont été primitivement
confondus ?

ils ont failli se battre encore aujourd'hui, d'une bourgade à l'autre, au sujet de l'Hermès de Praxitèle, que plusieurs petites villes voulaient posséder à la fois. En Italie, on n'a pas encore pardonné aux Français d'avoir enlevé, dans les musées, un certain nombre d'œuvres d'art. Si de nos jours, sous l'influence de la civilisation, l'art tend, comme toute chose, à devenir généreux et à dépouiller l'égoïsme primitif, il ne faut pas en conclure que le désintéressement moral lui soit essentiel.

Il est sans doute un point, nous le verrons plus tard, où l'émotion esthétique la plus haute se confond entièrement avec le sentiment moral : alors beauté et moralité ne font plus qu'un. Mais cette parfaite identité ne se montre pour ainsi dire qu'au plus haut degré de l'échelle. Aux degrés inférieurs l'émotion esthétique ne diffère plus autant des autres émotions. Celles-ci ne demandent pas mieux que d'être partagées quand le partage ne les diminue pas et même les augmente. Jouir ensemble ou souffrir ensemble établit toujours un certain lien sympathique entre les êtres ; il est doux de sentir toute une foule traversée en même temps que soi par une même émotion, que cette émotion soit esthétique, morale, ou même simplement intéressée. Si on se réunit le soir pour faire de la musique, on se réunit aussi pour prendre le thé, pour dîner, pour causer politique ou affaires. L'humanité aime toujours à mettre en commun plaisirs et peines, à condition, encore une fois, que le plaisir même ne soit pas altéré par le partage. Et, Dieu merci, la rose sentie par plusieurs ne perd pas son parfum, l'ombre d'un jardin peut abriter bien des amis, un ruisseau peut calmer bien des soifs, un air pur enivrer bien des poitrines, un concert dans une salle sonore et vaste charmer bien des oreilles, un joli visage ou un beau tableau attirer bien des regards sans se déflorer.

En somme, rien de plus inexact que ette entière opposition établie par Kant et l'école anglaise, comme par Cousin et Jouffroy, entre le sentiment du beau et le désir : ce qui est beau est désirable *sous le même rapport*. La poésie des choses, suivant le mot d'Alfred de Musset, est faite tout entière de « crainte et de charme, » de trouble et de désir. Il n'est pas d'émotion esthétique qui n'éveille en nous une multitude de désirs et de besoins plus ou moins inconscients ; quand nous sommes émus par une marche guerrière, nous éprouvons quelque impatience à être assis, nous avons besoin de marcher. de courir même, de chercher un ennemi à combattre. Certaines phrases musicales qui sont une sorte de caresse amoureuse font pour ainsi dire naître le baiser sur notre bouche. Quelqu'un a-t-il jamais lu ces vers de Musset :

> Partons, nous sommes seuls, l'univers est à nous
> Voici la verte Écosse, et la brune Italie,
> Et la Grèce, ma mère, où le miel est si doux...

sans éprouver une vague nostalgie des pays poétiques et inconnus, un besoin d'horizons nouveaux ?

Il y a du plaisir dans le désir même et la période de désir nous reste souvent dans l'esprit comme plus délicieuse que la jouissance ; de là les grandes jouissances du poète, qui aspire à vivre à la fois la vie de tous les hommes et qui, par cette aspiration même, la vit jusqu'à un certain point. Néanmoins ce désir, toujours à demi-trompé, implique une souffrance : c'est bien ce qui montre qu'il a un caractère sérieux et non simulé, qu'il demande réellement à être satisfait. Le désespoir de l'artiste et ce qui l'entraîne facilement au pessimisme, c'est de désirer ainsi démesurément et de ne pouvoir que dans une faible mesure satisfaire ses désirs.

CHAPITRE III

LE PLAISIR DU BEAU EST-IL EN OPPOSITION AVEC L'ACTION ET AVEC LE SENTIMENT DU RÉEL?

L'école évolutionniste, comme l'école Kantienne et criticiste, a tort, selon nous, d'*intellectualiser* à l'extrême le beau. Des trois éléments qui se trouvent dans tout état mental, sensibilité, intelligence et activité, l'élément sensible est notablement restreint par ces écoles dans l'émotion esthétique ; quant à l'élément actif, il est presque totalement exclu. Nous avons essayé de rétablir le premier de ces deux éléments négligés par l'école anglaise, d'agrandir ainsi le domaine du beau et de l'égaler même au domaine de la vie ; il nous reste à examiner le second.

Puisque l'émotion esthétique consiste en grande partie dans un ensemble (de désirs tendant à se réaliser) l'action sort naturellement de l'art et de la contemplation du beau, et le sentiment esthétique est alors plus complet que jamais ; l'art est action non moins que passion, par cela même qu'il est désir non moins que plaisir, besoin réel non moins que jeu et virtuosité. Aussi l'art tend-il à produire des actions de même nature que celles qu'il exprime. Mais le plus souvent nous substituons à l'action indiquée d'avance telle ou telle autre mieux d'accord avec nos occupations actuelles, et qui décharge pourtant le trop-plein de force nerveuse accumulée par l'émotion. C'est ainsi que l'art cesse d'être dangereux : tout en nous portant à agir, il ne fixe pas d'une façon catégorique l'action que nous devons accomplir. De là un nouveau sens possible de la Κάθαρσις d'Aristote, de la « purification des passions par l'art ; » l'art est un excitant des passions, mais cette excitation est trop générale pour qu'on ne puisse substituer une passion à une autre et traduire en un acte particulier, fort louable, l'émotion générale inspirée par tel sentiment esthétique de l'origine la moins pure. H. Beyle, ce profond observateur, raconte qu'un jour (il aimait alors je ne sais quelle personne) la musique le rendit plus enamouré que jamais ; il crut d'abord que cet art avait sur l'amour une influence particulière. Mais il se rappela que l'année précédente, où il songeait au moyen d'armer les Grecs, la même musique avait éveillé son ardeur avec la même intensité, mais en la tournant du côté de ses recherches d'alors. L'expression vive d'un sentiment, quand nous en sommes témoins, fait sans doute monter en nous le ton de ce sentiment, mais elle fait aussi monter par sympathie le ton de tous les autres ; par cela même nous sommes *portés* à agir en tous sens.

L'émotion esthétique la plus vive, la moins mêlée de tristesse, se rencontre chez ceux où elle se *réalise* immé-

diatement en actes et, par là, se satisfait elle-même : les
Spartiates sentaient mieux toutes les beautés des vers de
Tyrtée, les Allemands, ceux de Kœrner ou d'Uhland, lorsque
ces vers les entraînaient dans le combat ; les volontaires de
la Révolution n'ont probablement jamais été plus émus par
la *Marseillaise* que le jour où elle les souleva d'une haleine
sur les collines de Jemmapes. De même, deux amoureux
penchés sur quelque poème d'amour, comme les héros
du Dante, et vivant ce qu'ils lisent, jouiront davantage,
même au point de vue esthétique. C'est un exemple
assez banal que celui de Joseph Vernet se faisant
attacher à un mât pour contempler une tempête ; dira-
t-on qu'il sentait moins la sublimité de l'Océan parce
qu'il était acteur en même temps que spectateur ? Allons
plus loin ; s'il avait pu engager lui-même la lutte contre
l'Océan, mettre la main au gouvernail et diriger seul
le navire sur la grande mer furieuse, loin que son émotion
esthétique en eût été affaiblie, il eût mieux compris cette
antithèse de l'homme et de la nature dans laquelle se résout,
selon Kant, le sentiment du sublime. Pour mon compte,
je n'ai jamais mieux saisi la sublimité du ciel qu'en gra-
vissant avec effort une haute montagne, alors que je me
sentais entrer pour ainsi dire dans le ciel même, le con-
quérir à chaque pas avec effort, et que le désir d'infini
semblait devoir être rassasié sans cesse à mesure qu'il
s'éveillait en moi plus intense.

L'importance de l'action dans le sentiment du beau a
une conséquence qu'il faut remarquer : c'est que la fiction
n'est point, comme on l'a prétendu, une des conditions

nécessaires du beau. Schiller et ses successeurs, en réduisant l'art à la fiction, prennent pour une qualité essentielle un des défauts de l'art humain, qui est de ne pouvoir donner la vie et l'activité véritable. Supposez, pour prendre des exemples éloignés, les grandes scènes d'Euripide et de Corneille vécues devant vous au lieu d'être représentées ; supposez que vous assistiez à la clémence d'Auguste, au retour héroïque de Nicomède, au cri sublime de Polyxène : ces actions ou ces paroles perdront-elles donc de leur beauté pour être accomplies ou prononcées par des êtres réels, vivants et palpitants sous vos yeux ? Cela reviendrait à dire que tel discours de Mirabeau ou de Danton, improvisé dans une situation tragique, produisait moins d'effet esthétique sur l'auditeur qu'il n'en produit sur nous. Nous aurions plus de plaisir à traduire Démosthènes que les Athéniens n'en ont eu à l'écouter ! De même, c'est à son marbre et à son immobilité que la *Vénus* de Milo devrait d'être belle ; si ses yeux vides se remplissaient de la lumière intérieure et si nous la voyions s'avancer vers nous, nous cesserions de l'admirer. La *Mona Lisa* de Léonard ou la *Sainte Barbe* de Palma le Vieux ne pourraient s'animer sans déchoir. Comme si le vœu suprême, l'irréalisable idéal de l'artiste n'était pas d'insuffler la vie en son œuvre, de créer au lieu de façonner ! S'il feint, c'est malgré lui, comme le mécanicien construit malgré lui des machines au lieu d'êtres vivants. La fiction, loin d'être une condition du beau dans l'art, en est une limitation. La vie, la réalité, voilà la vraie fin de l'art ; c'est par une sorte d'avortement qu'il n'arrive pas jusque-là. Les Michel-Ange

et les Titien sont des Jéhovah manqués ; en vérité *la Nuit*
de Michel-Ange est faite pour la vie ; profonde sans le
savoir était la parole inscrite au bas par un poète : « Elle
dort. » L'art est comme le sommeil de l'idéal humain,
fixé dans la pierre dure ou sur la toile sans pouvoir jamais
-se lever et marcher.

On nous dira que l'imitation du laid et de l'horrible
peut avoir sa beauté, précisément parce que c'est une
imitation, une fiction et non une réalité. — Sans
doute, mais alors nous admirons d'une part la valeur
réelle de l'artiste, d'autre part quelque objet réel et vivant
par rapport auquel l'imitation du laid n'est qu'un moyen
d'expression. L'imitation du laid et de la douleur (au
moins de la douleur physique, qui n'implique pas une
grandeur morale) n'est point essentielle à l'art ; elle est,
comme toute imitation et toute fiction, la conséquence
même d'une certaine impuissance. La recherche du laid
dans les arts s'explique en général par ce fait que l'artiste
veut donner à ses conceptions plus de vraisemblance, ne
pouvant leur donner la réalité même. Certaines laideurs sont
nécessaires et forment pour l'œuvre d'art comme une condition de la vie. Elles ressemblent à ces froncements et à
ces rides qu'impriment volontairement à leur visage les
voyageurs traversant les pays polaires, pour ranimer leurs
muscles et empêcher leurs traits de se figer sous le froid.
Il faut que, dans les héros d'un drame, je puisse retrouver
quelque chose de mes défauts et de mes laideurs même
pour croire à leur existence : car l'essentiel, pour un personnage fictif, n'est pas de paraître beau ou laid, mais

de paraître exister, tant le fictif en lui-même et par lui-même est peu esthétique.

Il existe dans l'harmonie intime de la vie, dans la solidarité qu'elle suppose entre tous les membres, une beauté profonde et vraie que l'art peut s'essayer à reproduire même au moyen de l'incorrection des formes ; mais il faut alors que l'artiste introduise en cette incorrection l'équilibre et la proportion méthodique sans lesquels la vie est toujours impossible : alors on pourra dans les dissonances mêmes retrouver un principe d'harmonie, sous la fiction la réalité, sous l'imitation la nature[1]. L'imitation du laid n'est donc pour l'art humain qu'un moyen nécessaire, un procédé ; ce n'est pas son but dernier et définitif. Nous sentons vaguement que le laid n'est pas fait pour vivre, que, dans la nature, les monstres tendent à disparaître sans se reproduire et ne sont que des erreurs

---

1. « Un vrai statuaire, a écrit récemment M. Sully Prudhomme, peut faire un chef-d'œuvre du buste d'un bossu, s'il a pénétré et exprimé par le concert des formes l'intime *solidarité* vitale qui fait influer la gibbosité sur l'angle facial et sur les traits mêmes du visage, car les bossus les plus différents se ressemblent par le rayonnement de leur commun caractère ; ils ont la bosse partout. A ce point de vue, il y a un beau bossu pour le sculpteur, comme il y a un beau cas de bosse pour le naturaliste qui admire la *coordination* des caractères. Cette beauté-là n'est, bien entendu, qu'une condition du beau plastique, mais elle est fort estimée des artistes, parce qu'elle est essentielle et rare, et suppose une grande puissance d'observation. A leurs yeux, celui qui trahit la vérité plastique au profit d'une beauté imaginaire est inférieur à celui qui la respecte avec une imagination pauvre. » (*L'expression dans les œuvres d'art*, p. 204.) C'est donc la beauté de la laideur même, l'harmonie persistante sous les discordances, c'est la vie réalisant un certain ordre au sein du désordre, qui fait la beauté d'un bossu peint ou sculpté par un maître.

passagères ; nous les supportons dans les œuvres d'art précisément parce que ces œuvres sont encore des fictions sans consistance, et que d'ailleurs on retrouve toujours la règle sous l'exception, la loi sous la monstruosité.

La science a, de nos jours, fabriqué des corps nouveaux ; si l'art humain pouvait ainsi produire des êtres vivants au lieu de peindre la vie, il ne songerait plus, en imitant encore les types fournis par la nature, qu'à les embellir. L'art deviendrait ce qu'il aspire à être, une sorte d'éducation de la nature. L'éducation, cet art supérieur qui agit sur des êtres vivants, n'a qu'un but, celui de produire les types les plus parfaits, les plus irréprochables : rendre plus beau et rendre plus heureux, tel serait aussi l'objet de l'art, si ses fictions prenaient vie. Le fond même de tout art, c'est l'effort pour créer, c'est la poésie (ποίησις), et si jamais cet effort pouvait entièrement réussir, si l'artiste pouvait être un véritable créateur, c'est la beauté et le bonheur qu'il voudrait toujours et partout réaliser. Au cas où les cariatides de Puget auraient dû vivre, il les eût sans doute débarrassées du poids énorme qui pèse sur elles, ou bien il leur aurait donné assez de force pour porter ce poids en souriant.

Dès maintenant, entre deux œuvres d'art qui semblent également *animées et vivantes*, c'est à la plus belle que nous donnerons d'habitude la préférence ; nous trouvons toujours le beau plus *poétique*, c'est-à-dire plus digne d'être créé. Il faut même une certaine éducation artistique pour comprendre ce que Rosenkranz a appelé l'esthétique du laid. En présence de certains drames de Shakespeare et de

V. Hugo, les gens du peuple éprouveront des émotions violentes, presque pénibles, plutôt que des émotions vraiment esthétiques. L'intérêt qu'ils y prennent est brutal, analogue à celui d'un Espagnol devant une course de taureaux : « cela fait mal, » diront-ils. Ils ne s'intéressent pas à l'analyse des caractères. Pour goûter dans l'art le plaisir de l'horrible ou le plaisir du laid — disons la beauté du laid — il faut qu'un intérêt scientifique s'ajoute à celui de l'imagination ; l'esprit moderne, avec son culte de la science, prend encore plaisir à l'anatomie des êtres dégradés comme à celle des cadavres ; mais celui qui n'a pas fait d'études préparatoires est aussi incompétent et aussi étonné devant certaines œuvres d'art que pourrait l'être un profane introduit brusquement dans une salle de dissection et contemplant, non sans horreur, les choses étalées à ses yeux, tandis qu'un médecin, tout entier à suivre le trajet d'une fibre dans un tissu à demi-décomposé, regarde, l'œil brillant de plaisir. Comprendre, c'est relier chaque chose à ses causes et à ses effets, c'est universaliser, c'est donc voir plus loin que telle ou telle laideur, c'est même ne plus la voir : le laid s'efface devant le vrai saisi et rendu par la pensée humaine. L'imitation du laid devient au fond une imitation du beau et de l'*ordre* universel ; l'imitation en général tend à devenir une création et la fiction tend à s'évanouir dans la vie. C'est donc, en dernière analyse, la vie qui est le but de l'art, et l'artiste ne feint que pour nous faire croire qu'il ne feint pas.

CHAPITRE IV

Notre idée du beau, d'abord étroite et exclusive, s'est maintenant beaucoup élargie. Nous avons vu que tout ce qui est sérieux et utile, tout ce qui est réel et vivant peut, dans certaines conditions, devenir beau. Ce sont ces conditions qu'il nous reste à mieux déterminer.

Le beau peut se révéler tantôt dans les mouvements, tantôt dans les sensations, tantôt dans les sentiments. Le premier caractère de la beauté dans les mouvements est la force : nous éprouvons un plaisir esthétique a sentir notre vigueur, à exercer notre énergie sur quelque obstacle ou à voir les autres exercer la leur. Le second caractère de la beauté est l'harmonie, le rythme, l'ordre, c'est-à-dire l'adaptation du mouvement à son milieu et à son but. Tout mobile, traversant un certain milieu, y rencontre des résistances plus ou moins grandes ; de là résultent, comme l'ont montré MM. Spencer et Tyndall, des mouvements successifs en avant et en arrière, des lignes plus ou moins ondulantes qui produisent le rythme. Le rythme ou l'ordre

n'est donc pas, à vrai dire, quelque chose de distinct de la
force même : il est simplement un moyen pour la force de
se conserver aussi grande que possible en face des résistances ; l'ordre est une économie de force. La troisième
qualité du mouvement, la grâce, a été le mieux étudiée par
M. Spencer, qui a complété par des vues scientifiques les doctrines trop métaphysiques de Schiller et de Schelling. Quel
mouvement nous donne, quand nous l'exécutons ou quand
nous le regardons, l'impression de la grâce ? C'est celui où
tout effort musculaire semble avoir disparu, où les membres
se jouent librement, comme portés par l'air [1]. De là la
supériorité du mouvement curviligne ; la ligne courbe,
formée d'une infinité de lignes qui se fondent sans interruption l'une dans l'autre, est comme le *schema* d'un mouvement dans lequel très peu de force se perd, où aucun
effort inutile n'est demandé à aucun muscle. Au contraire,
un mouvement maladroit est celui qui implique un changement soudain de direction, quelque chose d'anguleux,
une perte trop grande de force, l'excès dans l'effort musculaire. En somme, à ce premier point de vue, toute beauté

1. M. Spencer nous raconte à quelle occasion il vint à concevoir
cette théorie si ingénieuse de la grâce : « Un soir, dit-il, j'étais à
regarder une danseuse, et au dedans de moi je condamnais ses
tours de force comme autant de dislocations barbares qu'on aurait
sifflées si les gens n'avaient pas tous la lâcheté d'applaudir ce
qu'ils croient être de mode d'applaudir ; je m'aperçus que, si dans
l'ensemble il se glissait par hasard quelques mouvements d'une
grâce vraie, c'étaient ceux qui, par comparaison, coûtaient peu d'efforts. Il me revint à l'esprit divers faits qui confirmaient mon idée,
et j'arrivai alors à conclure, d'une façon générale, qu'une action a
d'autant plus de grâce qu'elle s'exécute avec une moindre dépense
de force. » (*Essai sur la grâce*, traduction Burdeau.)

dans les mouvements paraît pouvoir se ramener à l'économie de la force.

Si telles sont les qualités esthétiques du mouvement, ne semble-t-il pas tout d'abord que les mouvements du jeu, non ceux du travail, puissent seuls les réaliser et que la théorie anglaise se trouve ainsi confirmée? — Selon nóus, c'est là une pure apparence, et le travail s'accommode aussi bien que le jeu des mouvements esthétiques. Voyez sur une échelle une grappe d'ouvriers se passant une pierre les uns aux autres : la lourde pierre monte peu à peu, soutenue par tous ces bras qui la saisissent et la lâchent tour à tour; n'y a-t-il pas en ce tableau une certaine beauté inséparable du but poursuivi et conséquemment du labeur accompli? De même, des hommes tirant sur un câble pour soulever un madrier, des rameurs, des scieurs de long, des forgerons sont beaux dans le travail, même dans la sueur et l'effort. Un faucheur habile peut être aussi élégant en son genre qu'un danseur : un peintre représentera même plus volontiers l'un que l'autre. Un bûcheron attaquant un chêne et brandissant la cognée de ses muscles raidis peut éveiller presque le sentiment du sublime. Nous voici cependant bien loin du jeu, car tous ces hommes poursuivent une fin déterminée; le rythme qui règle leurs mouvements et les assouplit ne s'explique lui-même que par la recherche du but et la tension de toutes leurs forces vers ce but unique. Par là le caractère esthétique du mouvement, loin d'être diminué, est agrandi, car il s'y ajoute deux éléments nouveaux. D'une part, l'*intérêt* est excité par la recherche d'un but : un mouvement dont nous connaissons la *direc-*

tion et dont nous pouvons constater la réussite ne nous intéresse-t-il pas toujours plus qu'un mouvement sans objet? D'autre part, l'*intelligence* est satisfaite, car nous pouvons calculer la *proportion* entre la grandeur du but à atteindre et l'effort dépensé. Aussi l'effort ne nous choque-t-il plus : au contraire, il est une condition de l'intérêt que nous portons au travail. La tension des muscles, la fatigue poussée jusqu'à un certain point et même une certaine altération des traits, tout acquiert alors une valeur esthétique : c'est en proportion et en harmonie avec la fin voulue. Au contraire, si un jeu coûtait autant d'efforts, nous en serions désagréablement surpris : il y aurait disproportion entre les moyens et la fin. C'est pour cela qu'un jongleur ne doit pas laisser voir la même fatigue qu'un athlète; c'est pour cela qu'un poète ne doit pas laisser sentir la recherche de la rime, tandis qu'on prend un certain plaisir à suivre le travail de pensée d'un mathématicien ou d'un philosophe. En général, tout travail qui se justifie rationnellement renferme des éléments esthétiques, tandis qu'il déplait à l'intelligence de voir l'inutile pris comme but par la volonté. Le jeu, l'exercice frivole de l'activité, loin d'être le principe du beau, a donc par lui-même quelque chose d'antiesthétique; il a besoin d'excuse; il faut qu'on y voie une expansion folle et passagère de l'activité, une sorte de détente nerveuse, utile elle-même à son heure.

— Mais, nous dira M. Spencer, si la beauté des mouvements n'exclut pas toute idée de travail accompli, du moins la *grâce* proprement dite l'exclut; car elle se ramène à la facilité, et la facilité à la moindre dépense de force. — Nous répondrons que, pour juger si la force n'est pas dépensée en excès, il faut toujours supposer au mouvement un but quelconque par rapport auquel il se trouve coordonné. La coordination, l'organisation des mouvements est ce qui leur donne un sens pour l'intelligence en ajoutant l'harmonie à la force déployée. Or, qu'est-ce que la coordination des mouvements par rapport à un but, si ce n'est la définition même du travail? La grâce consiste donc le plus souvent dans une sorte de travail conscient ou inconscient, accompli avec moins d'effort, plus de précision et plus d'agilité[1]. Un patineur gracieux est celui dont tous les mouvements sont adaptés au patinage sans que rien puisse contrarier sa vitesse acquise. Une femme qui porte une cruche sur sa tête n'est gracieuse que si tous ses mouvements ont un certain rapport au but secret qu'elle poursuit, et sont disposés de manière à éviter tout heurt, toute secousse brusque. En somme, grâce, précision vraie, agilité vraie, peuvent également se définir : adaptation complète à un but réel ou fictif; en d'autres termes, harmonieux équilibre entre la vie et son milieu. Ainsi la grâce même, bien qu'elle puisse se rencontrer simplement dans l'aisance et le naturel, n'est pas incompatible avec le travail en général; elle l'est seulement avec le travail perdu, avec l'effort inutile. On rit par exemple d'Hercule au rouet, il est plaisant de se

1. La précision dans les gestes n'est disgracieuse que quand elle a quelque chose de heurté, de saccadé ; mais cela même est en somme un défaut d'exactitude : tous les gestes, s'ils sont bien calculés, doivent se fondre les uns dans les autres, n'avoir rien d'anguleux ; ils acquièrent alors ce je ne sais quoi de coulant qui est à la fois la grâce et la précision suprême, et qui est compatible avec le travail comme avec le jeu.

figurer un colosse enfilant une aiguille ; c'est qu'alors la force déployée dépasse trop le mince résultat, elle s'use en vain, et la puissance même devient une cause visible d'impuissance ; mais un homme très vigoureux, souvent lourd quand il joue, devient gracieux quand il accomplit une besogne proportionnée à ses muscles. Nous arrivons par là, en ce qui concerne les mouvements, à une première conclusion, très différente de celle de M. Spencer : c'est que, si le jeu (exercice d'un organe sans but utile) est par lui-même esthétique, le travail (exercice d'un organe pour un but rationnel) l'est autant et parfois davantage. S'il a souvent moins de grâce, il peut avoir plus de beauté et de grandeur. « L'homme n'est complet que là où il joue, » a dit Schiller ; il faut dire au contraire : L'homme n'est complet que là où il travaille. C'est le travail, après tout, qui fait la supériorité de l'homme sur l'animal et de l'homme civilisé sur le sauvage.

Une seconde conséquence, c'est que la beauté des mouvements ne peut pas se définir simplement l'économie de la force. Parmi les buts que le mouvement se propose, il en est d'assez élevés pour qu'auprès d'eux toute dépense de force devienne peu de chose ; il serait même mesquin de la calculer de trop près, et la plus haute beauté consiste alors non plus dans l'économie, mais dans la prodigalité de la force. Lorsque nous voyons sous nos yeux s'exécuter un mouvement, nous sympathisons, comme le remarque M. Spencer, avec le corps et les membres qui l'exécutent ; dans certains cas, nous aimons sans doute à ne pas sentir en eux la fatigue ; mais nous sympathisons bien plus

encore avec la volonté qui meut le corps et les membres ;
l'énergie de cette volonté peut donc nous séduire plus que
le jeu facile des organes ; le but poursuivi par elle peut
nous attirer plus qu'un mouvement sans but ; enfin il vient
un instant où l'on compte presque pour rien les membres,
réduits au rôle d'instruments, tendus et ployés comme
l'arc qui doit lancer la flèche, parfois brisés dans leur effort
même. Le messager de Marathon, représenté par les
sculpteurs grecs, avait beau être couvert de sueur et
de poussière et refléter dans ses traits l'épuisement de
l'effort, l'agonie commençante : il avait, pour se transfigurer et devenir sublime, la branche de laurier qu'il agitait
au-dessus de sa tête ; cet homme brisé, mais triomphant,
est comme le symbole du travail humain, de cette beauté
suprême qui n'est plus faite de parcimonie mais de lar-
gesse, d'aisance mais d'effort, et où le mouvement n'apparaît plus seulement comme le signe et la mesure de la
force dépensée, mais comme l'expression de la volonté et
le moyen d'apprécier son énergie intérieure.

CHAPITRE V

DES CONDITIONS DE LA BEAUTE DANS LES SENTIMENTS.
PRINCIPE MORAL DE LA GRACE

L'école de l'évolution a eu raison de chercher dans les lois mécaniques du mouvement l'explication de ses qualités esthétiques les plus superficielles ; mais, nous venons de le voir, il ne faut pas s'arrêter là. On ne peut considérer les membres mus indépendamment du moteur, la force dépensée indépendamment de la volonté qui la dépense pour un but. La beauté supérieure des mouvements est donc d'emprunt ; elle vient de plus haut : c'est à la sphère de la volonté et des sentiments que nous devons nous élever pour en trouver l'explication.

Par l'effet de l'habitude et de l'association, tout mouvement a fini par représenter pour nous un sentiment, un état de conscience ; toute manifestation de la vie extérieure est devenue à nos yeux une manifestation de la vie intérieure. A ce nouveau point de vue, la beauté des mouvements résidera surtout dans l'*expression*, et elle grandira à mesure que le mouvement traduira au dehors une vie plus élevée, plus intellectuelle et plus morale. Le mouvement

qui ne ferait que manifester une force brute nous laisserait
froids : il pourrait nous plaire encore par les dessins géo-
métriques qu'il réalise ; mais nous ne nous mettrions pas
pour ainsi dire à la place du moteur, pour jouir sympathiquement de l'aisance des mouvements accomplis. En réalité un mouvement beau ou gracieux a toujours quelque
chose de vivant, et nous ne pouvons nous empêcher de
placer par derrière un moteur semblable à nous. Voir la
nature et la trouver belle, c'est se la figurer vivante et,
autant que possible, se la représenter sous une forme
humaine. On pourrait dire en renforçant la parole de
Térence : Je ne m'intéresse qu'à ce qui est humain. S'il n'y
avait pour embellir l'univers que le poids, le nombre et la
mesure, il nous laisserait presque indifférents.

. La première qualité du mouvement, la force, est en
somme invisible et cachée ; quand ce mot ne désigne pas
une simple formule de mécanique abstraite, il désigne un
déploiement d'activité ou de volonté qui ne nous est connu
que par la conscience. La force, cette première beauté,
se ramène donc à un simple état de la conscience, lié
lui-même à des sentiments de toute sorte, par exemple
la confiance en soi, l'assurance et le courage. Il y a
un point où la force et le courage grossier se confondent : à peine les distingue-t-on chez certains
animaux comme le boule-dogue, ou chez le sauvage, cou-
rageux dans la mesure même où il est fort. La force physique est de l'énergie morale en germe ; si vouloir, c'est
pouvoir, ne peut-on dire avec autant de raison que pouvoir
beaucoup, c'est se sentir excité à vouloir beaucoup ? Aussi

l'homme a-t-il fait en général de la force physique le symbole expressif de la volonté puissante ; à tort ou à raison, nous nous sommes accoutumés à établir partout une harmonie entre le physique et le moral ; nous nous figurerions difficilement Brutus ou Caton sous des traits mignards ; la sculpture représente Moïse avec une haute taille et des muscles en saillie. Les Samson et les Hercule sont tout ensemble des types de force, de courage et de bonté. La force, adorée par l'humanité primitive, a été, non sans quelque raison, considerée comme la première vertu, source de beaucoup d'autres ; elle implique d'ailleurs quelque chose de surhumain, et à ce titre encore appelle le respect. Elle a acquis ainsi une valeur expressive, qui entre aujourd'hui comme élément essentiel dans sa beauté.

L'ordre ou le rythme, seconde qualité du mouvement, est plus expressif encore ; par lui le mouvement, devenu régulier, offre prise à l'intelligence et semble lui-même la manifester. Le rythme n'est pas seulement, comme on l'a montré, la conséquence de la continuité du mouvement et de la persistance des forces, il est encore le signe de la persévérance du vouloir, et son harmonie symbolise à nos yeux l'accord de la volonté avec soi.

Quant à la grâce, elle est bien autre chose que la simple économie de la force, seule définition que M. Spencer en ait donnée ; elle exprime essentiellement, elle aussi, un état de volonté. Remarquons-le en effet, chez les êtres vivants les mouvements gracieux sont toujours plus ou moins associés à la joie et à la bienveillance, deux sentiments voisins l'un de l'autre. La joie est la conscience

d'une vie pleine et en harmonie avec son milieu ; or, quand
il y a harmonie, il y a par cela même tendance à la sympathie. La grâce est l'expression visible de ces deux états :
la volonté satisfaite et la volonté portée à satisfaire autrui.
La grâce, en effet, suppose une certaine détente des muscles, qui ne se produit guère chez l'animal qu'à l'état de
repos, de vie expansive et d'intention pacifique. Que la
douleur et la lutte surviennent, que l'hostilité et la colère
éclatent, aussitôt les membres se raidissent. Tandis qu'un
chien joue, faites un peu de bruit dans un buisson, et vous
verrez la transformation soudaine de l'attitude : le cou se
tendra, les oreilles, la queue, le corps tout entier sera en
arrêt. Au contraire, la bienveillance se traduit d'habitude
par des mouvements onduleux et légers, sans rien de
brusque, sans angles, sans violence ; de tels mouvements,
par la disposition sympathique dont ils sont le signe, tendent toujours à exciter chez nous une sympathie réci-
proque. Une attitude légèrement courbée, surtout la
flexion du cou, le laisser-aller des bras, indique de plus la
mélancolie et la tristesse, qui semble faire appel à la pitié
d'autrui ; elle excitera donc un sentiment voisin de la pitié
qui se retrouve jusque dans notre faible pour le saule pleu-
reur. Enfin la grâce est toujours de l'abandon ; or on ne
s'abandonne pleinement que quand on aime ; nous pouvons
donc dire avec Schelling que la grâce est avant tout l'expression de l'amour, et c'est pour cela qu'elle l'excite ; la
grâce semble aimer et c'est pour cela qu'on l'aime. Avant
d'avoir ressenti quelque chose de l'amour, la jeune fille n'a
point encore la suprême grâce, plus belle encore que la

beauté. Elle peut avoir, comme l'enfant, la grâce de la joie, elle n'a pas encore celle de la tendresse.

Dans l'expansion impliquée par la grâce, on pourrait montrer aussi un nouveau sentiment qui s'associe souvent aux autres, et qu'on n'a jamais bien distingué, croyons-nous. Pour le découvrir, imaginons ce que peut ressentir l'oiseau ouvrant ses ailes et glissant comme un trait dans l'air ; rappelons-nous ce que nous avons éprouvé nous-mêmes en nous sentant emportés sur un cheval au galop, sur une barque qui s'enfonce au creux des vagues, ou encore dans le tourbillon d'une valse : tous ces mouvements évoquent en nous je ne sais quelle idée d'infini, de désir sans mesure, de vie surabondante et folle, je ne sais quel dédain de l'individualité, quel besoin de se sentir aller sans se retenir, de se perdre dans le tout ; et ces idées vagues entrent comme un élément essentiel dans l'impression que nous causent une foule de mouvements. L'*Adam* de Michel-Ange, qui s'éveille à la vie, allonge son bras démesurément en regardant devant lui, et ce seul geste traduit sous une forme visible toute l'infinité du monde qu'il aperçoit pour la première fois. Dans l'*Assomption* du Titien, le simple renversement de la tête et les yeux agrandis suffisent pour exprimer l'attraction immense du ciel ouvert. Ici la grâce proprement dite se fond avec l'émotion du sublime. Nous voyons des mouvements qui, physiologiquement, exprimaient la vie bien équilibrée et facile, devenir par l'association des sentiments l'expression de la vie morale la plus haute et la plus pleine, conséquemment de la plus grande beauté.

En général, tandis que la force représente dans l'expression de la vie le côté viril, la grâce représente plutôt le côté féminin. Si donc la beauté suprême dans les mouvements est celle qui traduit la vie la plus riche, on peut dire qu'elle consisterait à allier la force et la grâce, en leur faisant exprimer tout ensemble la volonté la plus énergique et la plus douce. Cette volonté, remarquons-le, n'est pas seulement celle qui se joue à la surface des choses, mais celle qui, prenant au sérieux et les autres êtres et elle-même, met toute sa puissance au service de toute sa tendresse.

Si les mouvements empruntent la plus grande partie de leur beauté aux sentiments, en quoi consistera la beauté des sentiments eux-mêmes ? — Elle sera faite, elle aussi, de force, d'harmonie et de grâce, c'est-à-dire qu'elle révélera une volonté en harmonie avec son milieu et avec les autres volontés. Or ce sont là des caractères qui conviennent au bien en même temps qu'au beau, et nous sommes amenés à nous demander si, dans la sphère des sentiments, il y a une réelle différence entre ces deux termes. M. Spencer, lui, les sépare avec le même soin que Kant : c'est que l'identité du beau et du bien serait la ruine de sa théorie. Il est clair, en effet, que le bien ne peut être un « jeu » et que c'est au contraire la chose sérieuse par excellence ; si donc le beau est dans le jeu, il devra se séparer du bien : de là les efforts de M. Spencer pour distinguer les deux idées. — Dans le bon, dit-il, c'est la *fin* à réaliser que nous considérons ; dans le beau, c'est l'*activité* même qui la réalise. — Il nous semble au contraire que l'activité, la volonté, par exemple celle qui accomplit un acte de patriotisme, n'est pas seulement belle, mais bonne en la mesure même où elle est belle ; la fin, d'autre part, c'est-à-dire la patrie sauvée, n'est pas seulement bonne, mais belle en la mesure même où elle est bonne. Dans nos jugements esthétiques sur une action donnée nous ne faisons pas plus abstraction de la fin poursuivie que dans nos jugements moraux : par exemple, l'action de se jeter à l'eau et même de s'y noyer n'a rien de beau en elle-même, elle n'acquiert de valeur esthétique que dans la proportion où elle acquiert une valeur morale, lorsqu'elle se justifie par un but de dévouement. L'identité du bon et du beau n'est pas moins évidente pour les sentiments que pour les actions : la sympathie, la pitié, l'indignation, sont tout ensemble belles et bonnes. Aussi l'émotion artistique peut-elle être considérée souvent comme une simple forme dérivée de l'émotion morale. L'art, qui a pour condition essentielle la part sympathique que nous prenons aux peines ou aux plaisirs d'autrui, est une création sociale. En moyenne, un être est d'autant plus moral qu'il est plus capable de ressentir profondément une émotion esthétique.

— Mais, nous objectera M. Spencer, il est des sentiments auxquels l'art a toujours fait appel, la colère, la haine, la vengeance, etc., qui sont cependant immoraux ; donc, en admettant que tout ce qui est bon soit beau, tout ce qui est beau n'est pas bon. — Je réponds que, si vous prenez les termes de la comparaison sous les mêmes rapports et au même degré, les sentiments vous paraîtront bons par le côté et dans la mesure où ils vous paraîtront esthétiques. L'amour de la vengeance se confond chez les natures sauvages avec l'amour de la justice, la colère n'est qu'une forme inférieure de l'indignation, l'envie enveloppe un sentiment d'égalité ; la haine, qui a la même origine que l'esprit de vengeance, renferme aussi un grand nombre d'éléments où se retrouve comme une moralité déviée ; elle est d'ailleurs pour l'individu une condition d'existence au milieu des races barbares : aussi est-ce surtout dans ce milieu qu'elle plaît. En général, les sentiments énergiques, la volonté tenace, violente même, ont toujours quelque chose de bon et de beau, même quand leur objet est mauvais et laid.

Si tout sentiment moral est esthétique, et réciproquement, il ne s'ensuit pas, bien entendu, qu'une œuvre d'art d'intention morale soit nécessairement belle, ni que l'art se confonde avec la direction de la vie. Les sentiments les plus moraux sont aussi pour l'artiste les plus difficiles à exciter et surtout à maintenir excités longtemps ; au contraire, un sentiment moins élevé, par cela même plus facile à stimuler, comme l'amour sensuel ou la vengeance, pourra fournir à l'art, surtout à l'art populaire, des effets beaucoup plus fréquents. Dans le sud de l'Italie, le peuple ne s'intéresse qu'aux histoires de brigands ; en France même, la littérature de cour d'assises est un régal pour beaucoup de personnes. C'est que les esprits de ce genre sont incapables de sentiments moraux et esthétiques très élevés, ou bien que de tels sentiments ne peuvent sans fatigue acquérir chez eux une intensité durable ; ils se contentent donc d'émotions plus grossières, mais plus intenses pour eux et plus appropriées à leur nature : ils n'ont pas absolument tort à leur point de vue : une émotion, après tout, ne vaut qu'en tant qu'on la sent. Donc, malgré l'identité du sentiment moral avec le plus haut sentiment esthétique, l'art est tout autre chose que la morale : il s'y produit ce qui se produirait dans la musique si la musique s'adressait à des gens d'oreille un peu dure ; elle serait réduite à s'abstenir de toutes les nuances délicates, de toutes les mélodies fines et douces qui exigent pour être perçues une trop grande tension de l'oreille et de l'esprit ; au contraire, les effets bruyants et facilement saisissables fourniraient à ces tympans rebelles une agréable excitation. En morale, nous en sommes encore presque tous là : hélas! sous ce rapport, nous avons tous l'oreille un peu dure.

Peut-être cependant l'émotion la plus esthétique qu'on puisse exciter en nous est-elle encore l'admiration morale. Corneille l'a cru du moins ; dans les chefs-d'œuvre du roman ou du drame, les personnages auxquels nous nous intéressons le plus sont d'habitude ceux que nous admirons davantage. Au contraire, le mépris moral ne tarderait pas à produire le dégoût esthétique si, par une réaction nécessaire, il n'engendrait l'indignation, qui est encore un sentiment moral. L'art vit, en somme, par les sentiments mêmes dont vit la société, par ceux qui sont sympathiques et généreux. S'il est encore en nous tous des sentiments égoïstes et à demi-barbares, endormis au cœur de notre être et qui aiment parfois à se réveiller un instant sans acquérir assez de force pour nous pousser à l'action, ces sentiments devront aller s'affaiblissant par degrés, s'engourdissant. L'évolution esthétique,

des raisons que nous avons indiquées, est toujours en
retard sur l'évolution morale : elle la suit pourtant. Aussi
peut-on affirmer que les œuvres d'art qui font trop exclusivement appel à des sentiments égoïstes et violents sont
inférieures et sans avenir. Que restera-t-il un jour de l'*Iliade*
même ? La prière d'un vieillard, le sourire d'adieu d'une
femme à son mari, c'est-à-dire la peinture de deux sentiments elevés. Pour être dans l'éternel, il n'est pas bon de
se placer dans l'immoralité. Un art qui évoque en nous
des sentiments trop grossiers et trop primitifs, nous rabaisse,
pourrait-on dire, dans l'évolution des êtres en nous faisant
vivre et sympathiser avec des types destinés à disparaître,
qui sont comme les survivants des âges primitifs. Au contraire, le sentiment de l'admiration nous élève et nous donne
un plaisir esthétique d'autant plus complet qu'il est plus
étranger au plaisir du jeu, plus sincère. L'admiration, en
effet, ne saurait être un jeu, elle n'a rien de fictif. Qu'elle
soit suscitée par la légende ou par l'histoire, par une vision
réelle ou imaginaire, il n'importe : elle correspond toujours à un jugement moral, chose sérieuse par excellence.
Bien plus, elle marque en nous une sorte d'amélioration
morale : nous sommes vraiment meilleurs quand nous
admirons ; nous nous sentons soulevés au-dessus de nous-
mêmes, et capables peut-être d'actions devant lesquelles
nous reculerions en temps ordinaire : l'âme se porte à la
hauteur de ce qu'elle admire. A ce point, l'art touche à la
réalité, est la réalité même : dans le sentiment de l'admiration coïncident pleinement le réel et le fictif, l'être et le
paraître ; je voudrais devenir ce que je contemple, et je le

deviens dans une certaine mesure. Ici se réalise cette croyance platonicienne, que voir le beau, c'est tout ensemble devenir meilleur et s'embellir intérieurement.

Nous arrivons donc à des conclusions tout autres que l'école anglaise : au lieu de séparer avec elle, dans le domaine des sentiments comme ailleurs, le beau et le bien, le beau et le sérieux, nous croyons qu'ils s'y confondent. La beauté morale est le contraire même d'un exercice superficiel et sans but de l'activité. Au point de vue scientifique, un beau sentiment, un beau penchant, une belle résolution, sont tels en tant qu'utiles au développement de la vie dans l'individu et dans l'espèce.

CHAPITRE VI

Nous n'avons analysé jusqu'ici que la beauté des mouvements et celle des sentiments ; mais c'est surtout sur la
théorie des sensations que s'appuient MM. Spencer et Grant
Allen pour ramener le plaisir esthétique à un simple jeu de
nos organes excluant tout but utile. Les sensations esthétiques, en effet, par exemple la vue d'une belle couleur,
d'un dessin, d'un feu d'artifice, semblent rester pour la
plupart superficielles, sans influence visible sur le développement général de la vie. Au contraire, les mouvements expressifs, comme ceux de la joie ou de la bienveillance, et les sentiments de toute sorte, comme les diverses
formes de l'amour, viennent du plus profond de notre
être, qu'ils intéressent tout entier ; ils ressemblent à une
onde venue du fond de la mer, qui marque une émotion
sourde de toute la masse, tandis que les sensations esthétiques, comme celle de la vue et de l'ouïe, sont la ride
passagère produite par un caillou jeté du bord. Ne semble-
t-il pas alors qu'on ait raison de réduire les plaisirs de ce

genre à un simple jeu ? Pour le savoir, analysons plus
intimement la nature de la sensation.

En premier lieu, ce qui nous paraît résulter des importants travaux de MM. Spencer, Sully et Grant Allen sur ce
sujet, c'est que la sensation même enveloppe l'action et le
mouvement, c'est que la beauté des sensations est er
grande partie constituée par un déploiement intense e
harmonieux de la force nerveuse, où se réalise, comme dit
M. Spencer, « le maximum d'effet avec le minimum dé
dépense. » Pourquoi, par exemple, dans les objets perçus
par la vue et le tact, préférons-nous les lignes flottantes
et onduleuses aux lignes dures et anguleuses ? C'est que
les premières, pour être perçues, exigent un moindre travail des muscles de l'œil : en les suivant, l'œil n'a pas
besoin d'arrêter soudain son mouvement ou de changer
brusquement de direction. comme lorsqu'il suit une ligne
en zigzag. Remarquons d'ailleurs que tous les êtres vivants,
animaux ou végétaux, présentent plus ou moins la ligne
serpentine dans leurs mouvements et jusque dans leur
structure. On peut expliquer aussi avec M. James Sully,
par l'organisation même de la rétine, pourquoi nous aimons
à voir les objets groupés soit autour d'un centre, — d'où
notre préférence pour les formes circulaires, étoilées ou
rayonnantes, — soit autour d'un axe, en forme d'arbres,
de tiges et de fleurs : cette disposition économise de
l'effort musculaire. Enfin les qualités de similitude que
nous recherchons dans les formes, l'analogie des directions, l'égalité des grandeurs, la proportion, la variété
réduite à l'unité, tout s'explique par les mêmes raisons :

ce sont là autant de moyens d'épargner, tout en la dépensant, notre force musculaire et nerveuse. Au sein du désordre apparent d'une église gothique, le constant retour
de la même forme ogivale permet à l'œil comme à l'esprit
de retrouver le connu dans l'inattendu même, de s'orien-
ter : c'est le fil d'Ariane au milieu de la forêt. En somme,
une forme est d'autant plus belle, dit avec raison M. Spencer, « qu'elle exerce efficacement le plus grand nombre
des éléments nerveux intéressés à la perception, et ne
surcharge que le plus petit nombre possible de ces éléments[1]. »

Les mêmes considérations valent pour les sons et la
musique, quoique le problème devienne ici plus complexe.
Une des raisons qui rendent désagréable une voix mono-

---

1. Lorsque la forme, pour être perçue et mesurée, vient à exiger un certain effort, elle pourra encore éveiller des émotions
esthétiques, mais ce sera plutôt l'idée du grandiose, du vigoureux,
du sublime, que celle du beau proprement dit. La position verticale a quelque chose de plus dur et de plus énergique : c'est qu'en
premier lieu, la ligne verticale exige de l'œil plus d'effort pour être
embrassée ; en second lieu, elle est la position habituelle de tout
ce qui vit et lutte, elle exige des membres un plus grand déploiement de force, puisqu'il faut alors lutter contre la pesanteur. Au
contraire, la position horizontale est celle de l'homme endormi ou
mort, des troncs d'arbres arrachés, des colonnes renversées, de la
plaine, de l'eau quand elle est tranquille : tout ce qui veut se reposer se couche. Aussi un paysage aux lignes horizontales, aux édifices larges et bas, aura-t-il un caractère plus calme, souvent plus
prosaïque, que de hautes maisons, des tours, des rochers à pic, de
grands arbres droits. Des trois dimensions, c'est la longueur horizontale qui fait le moins d'effet : mille pieds de terrain plat sont
loin de produire, comme le remarque M. Fechner et comme l'avait
déjà remarqué Burke, la même impression que des pyramides ou
des pics hauts de mille pieds ; mais c'est la profondeur qui saisit le
plus, à cause de l'idée de chute.

tone, c'est qu'elle exerce toujours l'oreille de la même manière et use ainsi les nerfs auditifs, comme une goutte d'eau qui tombe toujours au même point finit par user la pierre. Au contraire, la variété de ton et d'intensité repose l'oreille dans son travail même : par exemple, le *piano* succédant au *forte*, ou au contraire le *forte* succédant à des mesures *piano*, pendant lesquelles l'oreille s'est reposée et a recueilli ses forces. Le chant diffère de la parole en ce qu'il emploie une échelle de sons bien plus étendue et exerce ainsi successivement un bien plus grand nombre d'appareils auditifs. Suivant M. Grant Allen, les nerfs de l'oreille sont en perpétuelle vibration : quand les vibrations de l'air contrarient les leurs, il y a déplaisir; quand, au contraire, elles les favorisent et s'y ajoutent, il y a jouissance. L'harmonie intérieure n'est qu'une traduction de l'harmonie entre le dedans et le dehors, qui assure le jeu libre de l'organe. Ce qui fait que la plupart des bruits isolés sont désagréables, c'est que, si un corps est frappé une fois, les ondes excitées sont irrégulières ; si au contraire, il est mis en vibration continue, les ondes se régularisent : un coup de grosse caisse sec et subit est désagréable, tandis qu'un roulement rythmé commence à prendre un caractère esthétique. Si le rythme est essentiel au son musical, c'est qu'il permet à l'oreille de s'accorder pour ainsi dire aux vibrations extérieures, comme on accorde entre eux les instruments avant de les faire vibrer. Le rythme nous donne la possibilité de prévoir les sons, de nous y préparer : c'est un élément connu introduit dans l'inconnu des sensations auditives. Sous tous ces rapports, le rythme constitue une économie de force, et de là vient son caractère esthétique. Nous avons en nous une sorte d'orchestre intérieur qui a besoin, ainsi que tout autre, de se régler comme sur le bâton d'un chef d'orchestre. Le caractère agréable ou désagréable des consonances ou des dissonances s'explique lui-même par le principe de l'économie de la force. Ce qui rend les dissonances si désagréables, c'est que, comme l'a montré Helmholtz, elles sont produites par un croisement des ondes sonores, qui se détruisent mutuellement au point d'intersection ; de là des intermittences dans le son, qui produisent sur l'oreille un effet analogue à celui que produit sur l'œil la vacillation d'une lampe ou le passage derrière une claire-voie éclairée par le soleil. Dans ce cas, l'oreille ou l'œil sont perpétuellement surpris : au moment où ils rentrent dans le repos et sont en train de réunir de nouvelles forces pour la sensation prochaine, une onde sonore ou lumineuse vient les frapper sans que le temps normal pour la réparation soit écoulé. Ici encore le caractère désagréable de la sensation vient de ce qu'elle est une dépense vaine de force, un labeur sans but.

En somme, la perception n'est point aussi contemplative qu'il le semblait d'abord : nous y sommes acteurs autant que spectateurs. Les formes senties ne sont en définitive que des mouvements sentis, et les mouvements sentis ne sont que des mouvements exécutés. Dans la perception nous déployons notre force, en harmonie ou en conflit avec les forces extérieures : s'il y a harmonie, il y a moins de force perdue : il y a par cela même sentiment d'une vie plus intense et plus facile, il y a beauté.

Dès lors, MM. Spencer et Grant Allen ne sont-ils point trop exclusifs et peu conséquents avec leurs propres principes quand ils soutiennent qu'une sensation ne saurait être esthétique si elle sert directement à la vie ? Ne pourrons-nous, malgré les philosophes anglais, maintenir entre la beauté et la vie même cette identité que nous avons établie jusqu'ici dans la sphère des mouvements et des sentiments ?

Il faut d'abord distinguer entre la vie de l'organe particulier qu'affecte la sensation et la vie générale de l'organisme. Selon M. Grant Allen lui-même, une sensation est désagréable quand elle tend à exercer sur l'organe une action destructive : une substance âcre (par exemple, la moutarde) est celle qui tend à désorganiser le tissu de la langue, une odeur âcre (par exemple, l'ammoniaque) est celle qui tend à altérer la muqueuse nasale ; un son antipathique à l'oreille est celui qui contrarie les vibrations propres de nos nerfs auditifs ; un assemblage de couleurs désagréable, celui qui épuise rapidement les nerfs optiques. Au contraire, les saveurs, les odeurs, les couleurs et les sons qui plaisent sont ceux qui stimulent légèrement chaque organe sans le fatiguer, et ainsi favorisent la vie sur un point donné de l'organisme. Seulement, pour rester esthétiques, il faut, selon M. Grant Allen, que les sensations s'arrêtent à ce point spécial et s'y localisent ; si elles rayonnent au delà et intéressent l'organisme tout entier, si elles se trouvent liées à une excitation générale de la vie, à un besoin profond et durable de l'être, leur caractère esthétique s'affaiblit et même disparaît. Si le mélomane pouvait, comme les cigales de la fable, se nourrir vraiment de musique, la musique cesserait pour lui d'être belle. Le beau ne tiendrait ainsi à la vie que par un lien léger et extérieur.

En vertu de sa théorie, M. Grant Allen est porté logiquement à réserver le nom d'esthétiques aux sensations de l'ouïe ou de la vue, qui seules n'intéressent pas la vie en général. Pour nous, nous croyons que toute sensation agréable, quelle qu'elle soit, et lorsqu'elle n'est pas par sa nature même liée à des associations répugnantes, peut revêtir un caractère esthétique en acquérant un certain degré d'intensité, de retentissement dans la conscience. Aussi pensons-nous, contrairement à la doctrine habituelle, à celle de Kant, de Maine de Biran, de Cousin et de Jouffroy, que tous nos sens sont capables de nous fournir des émotions esthétiques. Considérons d'abord les sensations de chaud et de froid, qui semblent si étrangères à la beauté. Un peu d'attention nous y fera découvrir déjà un caractère esthétique. On sait le rôle que jouent la « fraîcheur » ou la « tiédeur » de l'air dans les descriptions de paysage. Ce n'est pas seulement la lumière du soleil qui est belle, c'est aussi sa vivifiante chaleur, qui n'est d'ailleurs elle-même que la lumière perçue par l'organisme tout entier. Un aveugle, voulant exprimer la volupté que lui causait cette chaleur du soleil invisible pour lui, disait qu'il croyait « entendre le soleil » comme une harmonie. Je me souviendrai toujours de la sensation extraordinairement suave que me causa, dans l'ardeur d'une fièvre violente, le contact de la glace sur mon front. Pour rendre très faiblement l'impression ressentie, je ne puis que la comparer au plaisir qu'éprouve l'oreille en retrouvant l'accord parfait après une longue série de dissonances ; mais cette simple sensation de fraîcheur était bien plus profonde, plus suave et en somme plus esthétique que l'accord passager de quelques notes chatouillant l'oreille : elle me faisait assister à une résurrection graduelle de toute l'harmonie intérieure ; je sentais en moi une sorte d'apaisement physique et moral infiniment doux. Peut-être aussi, dans la maladie, la délicatesse du système nerveux étant excessive, les moindres sensations nous ébranlent profondément et tendent ainsi à prendre une nuance esthétique qu'elles n'ont pas en temps ordinaire.

Le sens du tact, quoi qu'on en ait dit, est une occasion constante d'émotions esthétiques de toute sorte. Sous ce rapport il peut suppléer l'œil en grande partie. Si l'on poussait jusqu'au bout la doctrine de certains esthéticiens, on en arriverait à soutenir que les sculpteurs aveugles n'avaient pas le sentiment du beau en touchant de leurs mains les statues [1]. Si la couleur manque au toucher, il nous fournit en revanche une notion que l'œil seul ne peut nous donner, et qui a une valeur esthétique considérable, celle du *doux*,

---

1. Peut-être, au contraire, pour les aveugles, la supériorité esthétique des lignes courbes et des surfaces arrondies est-elle plus marquée encore que pour ceux qui jugent avec leurs yeux : les angles, surtout les angles sortants, blessent presque le toucher ; ils froissent beaucoup moins la vue. Le toucher, sous bien des rapports, doit avoir, lorsqu'il est exercé, autant et plus de délicatesse que l'œil.

du *soyeux*, du *poli*. Ce qui caractérise la beauté du velours, c'est sa douceur au toucher non moins que son brillant. Dans l'idée que nous nous faisons de la beauté d'une femme, le velouté de sa peau entre comme élément essentiel. Les couleurs mêmes empruntent parfois quelque attrait à des associations d'idées tirées du tact. A l'image d'un gazon bien vert est associée l'idée d'une certaine mollesse sous les pieds : le plaisir que nos membres éprouveraient à s'y étendre augmente celui que l'œil ressent à le regarder. Au brillant des cheveux blonds ou noirs se lie toujours la sensation du *soyeux* que la main éprouverait en les caressant. Le bleu du ciel lui-même, si impalpable qu'il soit, acquiert parfois une apparence du velouté, qui augmente son charme en lui prêtant une douceur indéfinissable.

Chacun de nous probablement, avec un peu d'attention, se rappellera des jouissances du goût qui ont été de véritables jouissances esthétiques. Un jour d'été, après une course dans les Pyrénées poussée jusqu'au maximum de la fatigue, je rencontrai un berger et lui demandai du lait ; il alla chercher dans sa cabane, sous laquelle passait un ruisseau, un vase de lait plongé dans l'eau et maintenu à une température presque glacée : en buvant ce lait frais où toute la montagne avait mis son parfum et dont chaque gorgée savoureuse me ranimait, j'éprouvai certainement une série de sensations que le mot *agréable* est insuffisant à désigner. C'était comme une symphonie pastorale saisie par le goût au lieu de l'être par l'oreille. — Dans le même ordre d'expériences je mentionnerai encore quelques gorgées de vin d'Espagne qui me furent données généreusement par des contrebandiers en des circonstances analogues, — et même la simple trouvaille d'une source sur le flanc d'une montagne désolée. Peut-être en général la soif satisfaite fournit-elle un plaisir plus délicat, plus esthétique que la faim ; elle produit, en effet, une réparation plus immédiate ; lorsque toutes deux se trouvent jointes et sont contentées à la fois, le plaisir est porté à son maximum. Les sensations du goût ont si bien un caractère esthétique qu'elles ont donné naissance à une sorte d'art inférieur : l'art culinaire. Ce n'est pas seulement par plaisanterie que Platon comparait ensemble la cuisine et la rhétorique. La Fontaine a aperçu quelque chose d'esthétique jusque dans une huître ouverte, s'offrant à deux gourmets enthousiasmés, A. de Musset, jusque dans un pâté chaud, d'un aspect délectable. Un des personnages du même Musset compare la voix de son amie à un bon génie

> Qui porte dans ses mains un vase plein de miel.

Le *Cantique des cantiques*, cette œuvre de poésie ardente qui a passionné de tout temps les mystiques, est pleine d'images de ce genre : « Le parfum de ta bouche est comme un vin excellent... Ton sein est une coupe où le vin parfumé ne manque pas... Comme ton amour vaut mieux que le vin !. . Tes lèvres distillent le miel, ma fiancée ; il y a sous ta langue du miel et du lait... Mangez, amis, buvez, enivrez-vous d'amour. » Toute la poésie des peuples primitifs déborde de ces métaphores sensuelles, qui montrent que la jouissance la plus grossière de toutes, celle du manger et du boire, n'a rien en soi d'antipoétique : c'est l'allusion à cette jouissance qui semble, au contraire, éveiller le plus facilement le sentiment esthétique chez l'homme des premiers âges.

Les parfums saisis par l'odorat ont la même valeur que l'arome saisi par le goût. La parfumerie, elle aussi, est une sorte d'art, qui d'ailleurs reste bien au-dessous de la nature même. Le principal reproche qu'on a adressé au goût et à l'odorat est le suivant : dans les impressions que ces sens nous donnent, l'intelligence ne peut saisir et distinguer le groupement des perceptions élémentaires ; une odeur ne se résout pas pour la pensée, comme un accord musical, en une série de notes distinctes, et d'autre part on peut difficilement combiner ou graduer les odeurs sans les confondre : ce sont les sensations où l'entendement peut le moins s'exercer et d'où ne peut jamais sortir une perception de forme. Sans doute, mais la perception de forme et de contour est si peu nécessaire à l'émotion esthétique qu'elle ne s'acquiert souvent qu'à la longue : pour un auditeur inexpérimenté les accords symphoniques les plus complexes restent indistincts et ne sont saisis que comme une seule note ; de même, pour quelqu'un qui n'a jamais regardé de tableau, la riche gamme de couleurs d'un Delacroix ne produira qu'une impression simple et confuse. Cependant, tous deux pourront goûter un charme esthétique dans cette symphonie de sons ou de couleurs où leur sensibilité non exercée ne saisit encore qu'un unis-

son. Notre éducation esthétique à tous est peu avancée
quand il s'agit des odeurs ou des saveurs : nous ne pouvons
avoir que des perceptions informes et mal coordonnées ;
l'émotion esthétique qui s'en dégage sera donc vague et
aura un caractère moins intellectuel : elle n'en existe pas
moins. — « A-t-on jamais dit : une belle odeur ? »
demande V. Cousin. — Si on ne l'a pas dit, du moins en
français, on devrait le dire : l'odeur de la rose et du lis est
tout un poème, même indépendamment des idées que nous
avons fini par y associer. Je me rappelle encore l'émotion
pénétrante que j'éprouvai, tout enfant, en respirant pour
la première fois un lis. La douceur des jours de printemps
et des nuits d'été est faite en grande partie de senteurs.
S'asseoir au printemps sous un lilas en fleurs procure une
sorte d'ivresse suave, et cet enivrement des parfums n'est
pas sans analogie avec les jouissances complexes de
l'amour. Notre odorat, malgré son imperfection relative,
a encore un rôle considérable dans tous les paysages
aperçus ou décrits : on ne se figure pas l'Italie sans le
parfum de ses orangers emporté dans la brise chaude, les
côtes de Bretagne ou de Gascogne sans « l'âpre senteur
des mers, » si souvent chantée par V. Hugo, les landes
sans l'odeur excitante des forêts de pins [1].

_____

1. Un professeur me racontait qu'un jour, en ouvrant un vieux
dictionnaire, l'odeur toute particulière de papier jauni qui s'en
exhala suffit à évoquer devant lui sa jeunesse passée sur les livres,
ses innombrables veillées occupées à tourner les feuillets ; puis,
l'image s'agrandissant, il revit son collège, sa maison, ses parents,
un âge entier de sa vie, et tout cela enveloppé en quelque sorte de

Les sensations auxquelles s'applique le plus exactement le mot *beau* sont celles de la vue : Descartes définissait même le beau ce qui est agréable aux yeux. Mais les poètes sont moins systématiques que les philosophes. Pour produire le maximum de l'émotion esthétique, loin de se servir exclusivement des termes empruntés au vocabulaire de la vue, les poètes préfèrent s'adresser aux sens inférieurs, où la vie est plus profonde et plus intense. Les mots *beau*, *joli*, *gracieux*, tous ceux qui expriment l'idée de forme et de surface saisie par les yeux, deviennent alors insuffisants : l'œil n'est pas assez directement affecté par ce qu'il voit; c'est un sens trop indifférent. En général, dire qu'une chose est *belle*, c'est la qualifier encore superficiellement ; pour désigner ce qui nous pénètre, ce qui fait vibrer notre être tout entier, il faut chercher des termes moins objectifs et moins froids. Une *belle* voix touche moins qu'une voix *douce*, *suave*, *chaude*, *pénétrante*, *vibrante*. Peu de mots sont plus usités par les poètes que ces épithètes : âpre, amer, délicieux, embaumé, frais, tiède, brûlant, léger, mou, etc., toutes expressions empruntées aux sens du tact, du goût, de l'odorat[1]. —

cette odeur âcre des livres, dans laquelle il respirait son passé même.

Si nous avions un odorat aussi aiguisé que celui du chien par exemple, il est probable que les odeurs entreraient comme élément nécessaire dans toutes nos émotions esthétiques, jusque dans nos jugements sympathiques (car un chien éprouve de la répulsion ou de l'attraction pour les gens suivant leur odeur, comme nous suivant l'expression de la physionomie).

1. Je viens d'ouvrir un volume d'Alfred de Musset ; j'y trouve le mot *léger* employé trois fois en quelques vers, ainsi que *frais* et

Remarquons-le toutefois, les sensations visuelles ne sont
pas aussi superficielles qu'il le semblerait d'abord et que
sont portés à le croire les esthéticiens anglais : de là vient
qu'elles ont encore tant de valeur esthétique. L'œil est
avant tout le sens de la lumière ; or, la lumière n'est pas
moins nécessaire aux êtres vivants que la chaleur, elle
active même davantage la croissance des plantes. Les vibrations lumineuses se rattachent d'ailleurs aux vibrations
caloriques, et les perceptions visuelles ne sont qu'une
spécialisation de la sensibilité générale dont l'organisme
est doué par rapport aux vibrations de l'éther[1]. Aussi la

mou. « La *douce* strophe du poète, » dit Hugo. Dans ce vers de
Shelley :

> Our sweetest songs are those that tell of saddest thought,

comment substituer à *sweet* une autre épithète ?

D'intéressantes recherches de M. Sully Prudhomme confirment
ces observations (publiées déjà par nous dans la *Revue des Deux-
Mondes*, août 1881). M. Sully Prudhomme a dressé un tableau
synoptique des qualificatifs communs aux perceptions sensibles et
aux états moraux : dans cette liste, c'est de tous les sens
celui du toucher qui fournit le plus d'épithètes expressives, appli-
cables aux états moraux ; ce sens en donne une cinquantaine ; les
saveurs et les sensations de température en fournissent une tren-
taine qui comptent parmi les plus expressives de toutes (*l'Expression dans les beaux-arts*, p. 80).

1. Déjà, dans le protoplasma, des réactions se produisent sous l'influence de la lumière. Toute matière animée paraît même sensible
aux diverses intensités lumineuses des différentes régions du spectre. Si on place des sensitives dans des lanternes en verres de couleur
on voit les pétioles s'abaisser et les folioles s'étioler dans les lanternes
violettes, bleues et même vertes ; il y a au contraire redressement
exagéré et demi-fermeture dans les lanternes jaunes et rouges. Le
Volvox globator est une sorte de polypier formé d'individus situés
dans l'épaisseur et à la surface d'une membrane sphéroïde remplie

joie que nous causent le passage de l'obscurité à la lumière, l'éclat du ciel bleu, la vivacité même de la couleur, marque-t-elle un bien-être total de l'organisme en même temps qu'une fête des yeux. La plante, quoiqu'elle n'ait pas le sens de la vue, pourrait éprouver quelque chose d'analogue en passant de l'ombre au soleil, elle qui se fane dans l'obscurité et se tourne toujours vers la clarté du soleil, comme si elle la voyait. Ici encore il faut se garder de ramener le plaisir esthétique au jeu d'un organe particulier. La poésie de la lumière vient de sa nécessité même pour la vie et de l'ardente stimulation qu'elle exerce sur tout notre organisme. Le plaisir que nous cause le lever

d'eau à l'intérieur ; si on plonge dans l'eau un corps bleu ou rouge, dit le physiologiste allemand Ehrenberg, « on observe au microscope une grande agitation autour des masses arrondies ; cette agitation résulte de l'action commune de tous ces animaux qui, comme les bêtes d'un troupeau ou des bandes d'oiseaux, ou encore comme des foules d'hommes qui chantent ou qui dansent, suivent un rythme commun et adoptent une même direction sans en avoir une claire conscience : tous ces polypiers nagent vers l'objet coloré. » On connaît les expériences de M. Paul Bert sur les Daphnies, petits crustacés presque microscopiques, qu'il avait placés dans un vase obscur où la lumière pénétrait par une fente étroite. Il fait tomber sur cette fente une région quelconque du spectre : aussitôt les petits crustacés, jusqu'alors dispersés au hasard dans toutes les parties du liquide, nagent en foule dans la direction du rayon lumineux ; seulement ils accourent plus vite quand ce sont des rayons jaunes ou rouges que lorsque les rayons sont bleus et surtout violets ; enfin ils sont insensibles comme nous aux rayons ultra-violets ou ultra-rouges. — Dans une cuve à glaces parallèles pleine de Daphnies, M. Paul Bert ayant projeté à la fois tous les rayons du spectre vit son petit peuple se grouper de préférence dans les régions du spectre qui vont de l'orangé au vert ; il y en avait moins dans le rouge, beaucoup moins dans le bleu, très peu dans le violet, plus du tout au delà : il avait composé ainsi une sorte de gamme vivante correspondant à l'intensité décroissante des rayons lumineux.

du jour, par exemple, est bien plus que la satisfaction de l'œil : c'est avec notre être tout entier que nous saluons le premier rayon de lumière.

En outre, les sensations de la vue, qui sont de toutes les plus représentatives, acquièrent une nouvelle profondeur par les associations d'idées sans nombre dont elles sont devenues le centre. Autour d'elles se groupent des fragments entiers de notre existence : elles sont la vie en raccourci. Pour l'être doué du sens de la vue, le souvenir est une série de tableaux, c'est-à-dire d'images et de couleurs ; ces images se tiennent et s'appellent l'une l'autre. Regardez une rose dans un vase ; aussitôt il vous viendra à l'esprit, comme par une bouffée soudaine, le souvenir indistinct de toutes les sensations, de tous les sentiments liés d'habitude à la vue d'une rose : vous vous représenterez un jardin, des bosquets, une promenade, peut-être une promenade à deux, peut-être une main cueillant la fleur pour vous l'offrir, peut-être un corsage dont elle pourrait être la parure. Une simple couleur est déjà expressive. Ce n'est pas sans raison que les rhapsodes qui chantaient l'*Iliade* s'habillaient de rouge en souvenir des batailles sanglantes décrites par le poète ; au contraire, ceux qui déclamaient l'*Odyssée* portaient des tuniques bleues, couleur plus pacifique, symbole de la mer où erra si longtemps Ulysse. Qui pourrait se représenter, fait observer M. Fechner, Méphistophélès, cet habitant du feu éternel, vêtu d'azur, la couleur du ciel, ou un berger d'idylle drapé dans un manteau rouge ? Entre les perceptions de la vue et les pensées, il existe une secrète har-

monie que les poètes et les peintres ont toujours respectée.

L'ouïe, qui a donné naissance aux arts les plus élevés
(la poésie, la musique, l'éloquence), doit ses plus hautes
qualités esthétiques à cette circonstance que le son, étant
le meilleur moyen de communication entre les êtres vivants,
a acquis ainsi une sorte de valeur sociale. Les instincts
sympathiques et sociaux sont au fond de toutes les jouissances esthétiques de l'oreille. Pour l'être vivant, le plus
grand charme du son, c'est qu'il est essentiellement expressif : il lui fait partager les joies et surtout les souffrances
des autres êtres vivants. Aussi ce qu'il y a pour l'oreille
d'esthétique par excellence, c'est l'*accent*, expression directe et vibrante du sentiment. Toute la puissance de l'orateur est dans le ton et l'accent; c'est là aussi l'élément
essentiel de l'art dramatique ; la douleur qui s'exprime
par la voix nous émeut en général plus moralement que
celle qui s'exprime par les traits du visage ou par les
gestes. La poésie même n'est autre chose, au fond, qu'un
ensemble de mots choisis pour pouvoir vibrer davantage à
l'oreille et qui contiennent pour ainsi dire en eux-mêmes
leur propre accent. — Quant au chant, M. Spencer l'a fort
bien montré, il n'est qu'un développement de l'accent; c'est
la voix humaine modulant au contact de la passion. Cicéron
avait déjà dit : *Accentus, cantus obscurior.* La musique
instrumentale, à son tour, n'est qu'un développement de
la voix humaine. Au fond de tout son musical qui plaît se
retrouve sans doute quelque chose d'humain : les sons durs
et rauques nous rappellent le son de la voix en colère, les

sons doux éveillent des idées de sympathie et d'amour[1], etc.

Si toute sensation peut avoir un caractère esthétique, quand et comment acquiert-elle ce caractère ? — C'est là, nous l'avons déjà dit, une simple affaire de degré, et il ne faut pas demander des définitions du beau trop étroites, contraires par cela même à la loi de continuité qui régit la nature. Il faut dire aux adorateurs du beau ce que Diderot disait aux religions exclusives : Élargissez votre Dieu.

Toute sensation, croyons-nous, passe ou peut passer par trois moments : dans le premier, l'être sentant constate en lui-même ce que nous appellerons avec M. Spencer un *choc* léger ou violent ; il distingue plus ou moins vaguement l'*intensité* et la *qualité* spécifique de l'impression, mais rien de plus ; nous ne confondons pas une sensation faible avec une forte, ou une sensation de son avec une sensation de couleur, mais à ce premier moment nous savons à peine encore si la sensation sera douloureuse ou agréable : par exemple, un instrument tranchant qui pénètre dans les chairs ne produit tout d'abord qu'une vive sensation de

---

1. On voit combien est controuvée cette théorie de M. E. Hanslick, d'après laquelle la musique serait essentiellement « inexpressive, » et aussi cette affirmation étrange de M. Fechner lui-même, selon laquelle la musique ne serait pas susceptible d'éveiller des associations d'idées.

Remarquons d'ailleurs qu'on ne peut ramener tout à fait le plaisir de l'ouïe, pas plus que celui de la vue, au jeu indifférent d'un organe particulier. Les vibrations sonores peuvent être perçues par le corps tout entier, et indépendamment de l'ouïe doivent offrir déjà quelque chose de plus ou moins esthétique. Un aveugle sourd, qui reconnaît le passage d'une personne à l'ébranlement de l'air ou du plancher, doit pouvoir distinguer un pas léger ou pesant : c'est le germe de l'impression de la grâce.

froid [1] ; la conscience sent la vivacité d'un coup avant d'être emplie par la douleur ; nous discernons un éclair fendant les ténèbres et nous en suivons de l'œil le zigzag un instant avant d'éprouver la souffrance de l'éblouissement. Dans le second moment la sensation se précise et prend, s'il y a lieu, un caractère clairement douloureux ou agréable, résultant de ce qu'elle est nuisible ou utile. Les psychologues allemands ont donné à ce caractère le nom de *tonalité,* devenu classique. On distingue la peine du plaisir comme on distingue le ton mineur du ton majeur, où les relations et les intervalles ne sont plus les mêmes. Enfin, lorsque la sensation de douleur ou de plaisir ne s'éteint pas immédiatement pour laisser place, soit à une action indifférente, soit à une autre sensation, il survient un troisième moment, appelé par l'école anglaise la diffusion nerveuse : la sensation, s'élargissant comme une onde, excite sympathiquement tout le système nerveux, éveille par association ou suggestion une foule de sentiments et de pensées complémentaires, en un mot envahit la conscience entière. A cet instant la sensation, qui ne semblait d'abord qu'agréable ou désagréable, tend à devenir esthétique ou antiesthétique. L'émotion esthétique nous semble ainsi consister essentiellement dans un élargissement, dans une sorte de résonance de la sensation à travers tout notre être, surtout notre intelligence et notre volonté. C'est un accord, une harmonie entre les sensations, les pensées et les sentiments. L'émotion esthétique

1. Voir *la Douleur,* par M. Ch. Richet (*Revue philosophique,* 1877, p. 475).

a généralement pour base, pour pédale, comme on dirait
en musique, des sensations agréables ; mais ces sensations
ont ébranlé le système nerveux tout entier : elles deviennent dans la conscience une source de pensées et de sentiments. Le passage d'un bruit isolé à un accord, d'une
voix solitaire à une symphonie, correspond au passage de
la sensation simple à l'émotion esthétique. Au reste, il
n'est pas de sensation qui soit vraiment simple, pas plus
qu'il n'est de son simple ; il n'est pas de plaisir purement
local dans lequel ne résonnent une foule de jouissances
associées, comme résonnent dans une note les notes
harmoniques dont l'ensemble constitue le *timbre*. Puisque
les Allemands ont déjà appelé tonalité le caractère agréable
ou désagréable de la sensation, on nous permettra d'appeler *timbre* la combinaison esthétique des plaisirs, les
uns dominants, les autres éveillés par association, parfois
mêlés de quelques douleurs ou tristesses confuses, comme
de dissonances propres à relever l'harmonie de l'ensemble. C'est surtout dans ce *timbre* de la sensation que,
selon nous, il faut placer le beau.

CHAPITRE VII

Le résultat auquel nous arrivons, c'est que le beau est
renfermé en germe dans l'agréable, comme d'ailleurs le
bien même. L'agréable se ramenant à la conscience de la
vie non entravée, c'est là aussi qu'on peut trouver le vrai
principe du beau. Vivre d'une vie pleine et forte est déjà
esthétique ; vivre d'une vie intellectuelle et morale, telle
est la beauté portée à son maximum et telle est aussi la
jouissance suprème. L'agréable est comme un noyau lumineux dont la beauté est l'auréole rayonnante ; mais toute
source de lumière tend à rayonner et tout plaisir tend à
devenir esthétique. Celui qui ne reste qu'agréable avorte
pour ainsi dire ; la beauté au contraire est une sorte de
fécondité intérieure.

Si ces considérations sont vraies, nous pourrons établir les lois suivantes : 1° quand une sensation vivement
agréable n'est pas esthétique, c'est que l'*intensité* locale
de cette sensation est de nature a en entraver l'*extension*,
la diffusion dans le système cérébral, d'où il suit que la

conscience, absorbée sur un seul point, semble sur les autres suspendue. Le plaisir reste alors purement sensuel, sans devenir en même temps intellectuel ; il n'a pas cette complexité de résonances, ce timbre qui caractérise selon nous la jouissance esthétique ; 2° quand un plaisir acquiert dans la conscience le maximum d'extension compatible avec le maximum d'intensité, il constitue alors le plus haut degré de *satisfaction*, a la fois sensible et intellectuelle, c'est-à-dire la satisfaction esthétique ; 3° le temps nécessaire à la diffusion nerveuse dans le cerveau et au retentissement dans la conscience explique pourquoi la perception du caractère esthétique n'est pas toujours immédiate ; le jugement *Ceci est beau*, doit en moyenne demander plus de temps que le jugement : Ceci est agréable ; ce dernier même exige plus de temps que la perception brute, qui demande en moyenne pour l'ouïe, 0″,15, pour le tact, 0″,20, pour la vue, 0″,21. Le jugement esthétique ne devient presque immédiat que par l'accumulation des expériences chez l'individu ou chez la race [1].

1. Probablement il est plus lent chez certains peuples que chez d'autres, chez les Anglais ou les Allemands par exemple que chez les Français, en moyenne. Il serait intéressant d'apprécier, étant donnés plusieurs individus esthétiquement aussi bien doués, et de diverses races, si l'explosion de l'admiration se produirait aussi vite chez eux, devant une beauté incontestable de la nature ou de l'art. D'après M. Grant Allen, qui parle en son propre compte, il faudrait plusieurs expériences accumulées et une série de comparaisons pour bien saisir certaines beautés naturelles, comme les chutes d'eau. « Si on peut en croire une expérience personnelle, ce n'est pas la première chute d'eau qui charme le plus. Le Niagara même,

En somme, le beau, croyons-nous, peut se définir : une perception ou une action qui stimule en nous la vie sous ses trois formes à la fois (sensibilité, intelligence et volonté) et produit le plaisir par la conscience rapide de cette stimulation générale. Un plaisir qui, par hypothèse, serait ou purement sensuel, ou purement intellectuel, ou dû à un simple exercice de la volonté, ne pourrait acquérir de caractère esthétique. Seulement, disons-le vite, il n'est pas de plaisir si exclusif, surtout parmi les plaisirs supérieurs, comme ceux de l'intelligence. Rien n'est isolé en nous, et tout plaisir vraiment profond est la conscience sourde de cette harmonie générale, de cette complète solidarité qui fait la vie : l'agréable est le fond même du beau.

Il résulte de ce qui précède qu'en fait d'émotion, rien de ce qui est superficiel et partiel, rien de ce qui toucherait un organe spécial sans retentir jusqu'au fond même de l'être, ne mériterait vraiment le nom de beau. La théorie qui tend à identifier le plaisir du beau et le plaisir du jeu, malgré les éléments vrais qu'elle renferme, est donc dans sa direction même opposée à la vérité. Le propre du jeu, en effet, c'est de n'intéresser à lui que l'organe ou la faculté

vu dans la première jeunesse, ne produit guère une aussi forte impression que la petite cascade de Swallow-Fall, à Bettws-y-Coed.» (*Mind.*, oct. 1880). Chez une nature très impressionnable, c'est juste le contraire qui serait à craindre : Swallow-Fall pourrait produire l'impression du Niagara. Chez un tempérament comme celui de M. Grant Allen, l'émotion esthétique, étant le produit de comparaisons et de réminiscences à demi-conscientes, doit être peu rapide, plus durable qu'intense, plus susceptible de raffinements avec l'âge que délicate de prime abord.

qu'il exerce et de laisser indifférent le reste de l'être ; cette indifférence souveraine était précisément l'idéal proposé à l'artiste par Schiller sous le nom de liberté : « Les Grecs, les interprètes les plus éminents de l'art, dit-il, transportaient dans l'Olympe ce qui devait être réalisé sur la terre... Ils affranchissaient leurs divinités bienheureuses des chaînes de tout devoir, de toute fin à atteindre, de tout souci, et faisaient du *loisir* et de l'*indifférence* le lot digne d'envie de la condition divine : ce qui n'était qu'une expression tout humaine pour désigner l'existence la plus libre et la plus sublime... Ils effaçaient des traits de leur idéal et l'*inclination* et toute trace de *volonté*... Chez leurs dieux il n'est point de force luttant contre des forces, nul côté faible qui livre passage à la vie du temps. » Cette théorie est celle du quiétisme dans l'art ; en voulant élever ainsi l'art au-dessus de la vie, au-dessus de la sphère de l'action et du désir, Schiller le rabaisse réellement au dessous ; la prétendue liberté de ses dieux artistes et épicuriens, jouant sérieusement avec des apparences, ne vaut pas la dépendance où nous sommes par rapport aux émotions réelles et passionnées, aux souffrances ou aux joies de l'existence dans le temps. La comédie ne vaut pas la vie.

Loin d'être, comme le voulait Schiller, un signe nécessaire de supériorité, le jeu est le mouvement qui se rapproche le plus de la simple action réflexe ou instinctive, et, d'autre part, tout jeu, tout exercice facile et rapide d'un organe déterminé tend par l'habitude à se transformer en action réflexe. On connaît l'histoire de ce violoniste qui jouait dans un orchestre et qui, ayant perdu la conscience dans un accès de vertige épileptique, continuait néanmoins de faire exactement sa partie : tous ses organes, et probablement ses nerfs auditifs eux-mêmes, continuaient mécaniquement leur jeu ; tout vibrait encore en lui, excepté la vie et la conscience en leur profondeur, qui s'étaient désintéressées et endormies. Beaucoup d'artistes ressemblent à ce musicien qui ne jouait qu'avec les doigts ; beaucoup de *dilettanti*, eux aussi, n'écoutent qu'avec les oreilles, ne voient qu'avec les yeux, ne jugent que d'après des habitudes machinales : l'âme en eux se désintéresse et vague autre part ; alors l'art devient en vérité un jeu, un moyen d'exercer tel ou tel organe sans faire tressaillir la vie jusque dans son fond. Mais ce n'est plus l'art, c'est son contraire même. Les émotions vraiment esthétiques sont celles qui nous possèdent tout entiers, celles qui, en nous faisant battre le cœur avec plus de force, peuvent précipiter ou ralentir le cours du sang dans tout notre être, augmenter l'intensité même de notre vie. Beethoven, en écrivant sa symphonie héroïque qu'il voulait dédier à Bonaparte, pouvait être aussi envahi et troublé par l'émotion esthétique que Bonaparte lui-même l'avait été par l'émotion de livrer telle ou telle bataille. Le véritable artiste se reconnaît à ce que le beau le touche, l'ébranle aussi profondément, plus peut-être que les réalités de la vie ; pour lui, c'est la réalité même.

La théorie de l'école anglaise, si on la poussait à l'extrême, aboutirait a des conséquences que nous venons de montrer. Elle a donc besoin, selon nous, d'importantes corrections. Résumons les principales. Selon M. Spencer et son école, l'idée du beau exclut : 1° ce qui est *nécessaire* à la vie ; 2° ce qui est *utile* à la vie ; 3° elle exclut même en général tout objet réel de *désir* et de *possession* pour se réduire au simple exercice, au simple jeu de notre activité. Selon nous, au contraire, le beau, se ramenant en somme à la pleine conscience de la vie même, ne saurait exclure l'idée de ce qui est nécessaire à la vie ; la première manifestation du sentiment esthétique, c'est le besoin satisfait, la vie reprenant son équilibre, la renaissance de l'harmonie intérieure, et c'est là ce qui fait la beauté élémentaire des sensations. De même, le beau, loin d'exclure ce qui est utile, présuppose l'idée d'une volonté accommodant spontanément les moyens aux fins, d'une activité cherchant à dépenser le minimum de force *pour atteindre un but*. De là résulte la beauté des mouvements. Pour être beau, un ensemble de mouvements a besoin qu'on lui reconnaisse une certaine *direction* dominante ; il faut donc qu'il soit d'abord l'expression de la vie, ensuite d'une vie intelligente et consciente Enfin le beau, loin d'exclure l'idée du désirable, s'identifie au fond avec cette idée. Beau et bon ne font qu'un, et cette unité, visible dans nos sentiments, se laisse pressentir dans les mouvements ou dans les sensations. Le beau, au lieu de rester quelque chose d'extérieur à l'être et de semblable à une plante parasite, nous apparaît ainsi comme l'épanouissement de l'être même et la fleur de la vie.

Les grandes émotions esthétiques sont en général très

voisines, tantôt des sensations les plus fortes et les plus
fondamentales de la vie physique, tantôt des sentiments
les plus élevés de la conscience morale. Aussi pouvons-nous
déduire des principes que nous venons d'établir la règle
pratique suivante pour l'art et la poésie : l'émotion produite par l'artiste sera d'autant plus vive que, au lieu **de**
faire simplement appel à des images visuelles ou auditives
indifférentes, il tâchera de réveiller en nous, d'une part
les *sensations les plus profondes* de l'être, d'autre part les
sentiments les plus moraux et les *idées les plus élevées* de
l'esprit. En d'autres termes, l'art devra intéresser indis-
tinctement à l'émotion toutes les parties de nous-mêmes, les
inférieures comme les supérieures. Il sera donc à la
fois très matériel, très réaliste, et en même temps il fera la
part la plus large aux sentiments et aux idées. Ce qui, dans
l'art, est superficiel et blâmable, c'est le jeu de l'imagination pour l'imagination même, c'est-à-dire la succession
d'images indifférentes, ne pouvant se traduire en sensations douloureuses ou agréables, ni en idées et en sentiments. Une pure fiction n'est pardonnable dans l'art que
si elle est un symbole intellectuel ou moral, si par ce côté
elle est réelle et fait penser ou sentir : mais rien de moins
esthétique que le frivole. L'arabesque, au lieu d'être le
principe générateur du dessin, de la poésie et de la musique, en est l'avortement. Quant à ce qu'on appelle la *couleur* en poésie et en littérature, c'est tout le contraire d'un
assemblage de nuances provoquant un jeu indifférent de
la vue, et les peintres en littérature, comme Th. Gautier et
son école, qui prétendent avoir une palette au lieu d'une

plume, se méprennent absolument sur leurs propres procédés. Dans la littérature, la couleur ne s'obtient généralement que par la représentation de sensations non indifférentes (qui n'ont quelquefois aucun rapport avec celles de l'œil). Un poète aveugle de naissance pourrait écrire des peintures très colorées, en se bornant à faire appel aux sens du tact, de l'ouïe, de l'odorat, au sens vital, aux sentiments et aux idées. Voici, par exemple un passage de Flaubert, où la puissance de *couleur* est extraordinaire et où cependant il n'y a pas une image empruntée directement au sens de la vue :

> Elle sortit. Les murs tremblaient, le plafond l'écrasait ; et elle repassa par la longue allée en trébuchant contre les tas de feuilles mortes que le vent dispersait... Elle n'avait plus conscience d'elle-même que par le battement de ses artères, qu'elle croyait entendre s'échapper comme une assourdissante musique qui emplissait la campagne. Le sol sous ses pieds était plus mou qu'une onde... Elle ne se rappelait point la cause de son horrible état, c'est-à-dire la question d'argent. Elle ne souffrait que de son amour, et sentait son âme l'abandonner par ce souvenir, comme les blessés, en agonisant, sentent l'existence qui s'en va par leur plaie qui saigne.

Pour que la représentation par le poète d'une sensation visuelle, indifférente en elle-même, produise tout son effet sur l'esprit du lecteur, il faut alors que celle-ci soit environnée de sensations moins passives, et mêlée à des sentiments moraux. Voici par exemple, en trois vers, un tableau de V. Hugo (*Stella*) :

> Je m'étais endormi la nuit près de la grève.
> Un vent frais m'éveilla, je sortis de mon rêve,
> J'ouvris les yeux, je vis l'étoile du matin.

Supprimez cette *sensation* vitale de la brise fraîche, cette *action* d'ouvrir les yeux en secouant le rêve ; le paysage lui-même se brouillera ; on ne verra plus l'étoile. C'est qu'en réalité on ne la voit pas seulement avec l'œil, tous les sens excités à la fois contribuent à la formation du tableau. Bien plus, un sentiment moral, une idée vient en hâte s'ajouter à l'image sensible : on pressent que, par cette clarté matinale de l'étoile, le poète entend autre chose qu'une simple lueur matérielle ; on entrevoit le symbole et la légende sous la réalité ; l'intelligence même aide alors l'imagination, et nous nous mettons pour ainsi dire tout entiers dans cette vision de l'astre dissipant la nuit et resplendissant « au fond du ciel lointain [1]. »

1. Nous pourrions faire des remarques analogues sur cet autre passage de Flaubert où les représentations, empruntées à tous les sens et qui forment paysage, ne sont que l'expression et comme le *renforcement* du sentiment même, de telle sorte que le tableau, vu sous un certain angle, est tout sensible, et, regardé à un autre point de vue, est tout moral :

« La nuit douce s'étalait autour d'eux... Emma, les yeux à demi-clos, aspirait avec de grands soupirs le vent frais qui soufflait. Ils ne se parlaient pas, trop perdus qu'ils étaient dans l'envahissement de leur rêverie. La tendresse des anciens jours leur revenait au cœur, abondante et silencieuse comme la rivière qui coulait, avec autant de mollesse qu'en apportait le parfum des seringas, et projetait dans leur souvenir des ombres plus démesurées et mélancoliques que celles des saules immobiles qui s'allongeaient sur l'herbe. »

On remarquera que les images empruntées à la vue perdent leur indifférence dans ce passage, à cause du sentiment qui s'y attache : les ombres des saules telles que le romancier nous les montre, immobiles et démesurées, nous produisent aussitôt une impression plus morale encore que sensible : elles deviennent, comme il l'a voulu, un symbole de tristesse et finissent par s'étendre sur notre âme même.

En somme, dans la poésie et la littérature, la faculté de peindre, de dessiner, le soin de la perspective, l'architectonique, tout cela n'a rien de commun avec ce que désignent ces mots quand ils s'appliquent à un art particulier, ayant pour fin la vue. Dans la poésie, l'image fournie est le produit de la coopération de tous nos sens et de toutes nos facultés. Dans les autres arts il n'en est pas ainsi. Cependant, remarquons aussi qu'un tableau, une statue, sont d'autant meilleurs qu'ils excitent par association les facultés les plus diverses de notre être. En général, tout chef-d'œuvre d'art n'est autre chose que l'expression dans le langage le plus sensible de l'idée la plus élevée. Plus l'idée est haute et intéresse la pensée, plus l'artiste doit s'efforcer d'intéresser aussi les sens : rendre l'idée sensible et concrète, et, d'autre part, rendre la sensation féconde et en faire sortir la pensée, tel est donc le double but de l'art.

Tandis que l'art s'efforce ainsi de donner toujours l'amplitude la plus grande à toute sensation comme à tout sentiment qui vient ébranler notre être, la vie même semble travailler dans le même sens et se proposer une fin analogue. Puisque, croyons-nous, rien ne sépare le beau et l'agréable qu'une simple différence de degré et d'étendue, voici ce qui tend à se produire et se produira toujours davantage dans l'évolution humaine. La jouissance, même physique, devenant de plus en plus délicate et se fondant avec des idées morales, deviendra de plus en plus esthétique ; on entrevoit donc, comme terme idéal du progrès,

un jour où tout plaisir serait beau, où toute action agréable
serait artistique. Nous ressemblerions alors à ces instruments d'une si ample sonorité qu'on ne les peut toucher
sans en tirer un son d'une valeur musicale : le plus léger
choc nous ferait résonner jusque dans les profondeurs de
notre vie morale. A l'origine de l'évolution esthétique,
chez les êtres inférieurs, la sensation agréable reste grossière et toute sensuelle ; elle ne rencontre pas un milieu
intellectuel et moral où elle puisse se propager et se multi-
plier ; dans l'animal, l'agréable et le beau ne se distinguent
pas. Si l'homme introduit ensuite entre ces deux choses
une distinction d'ailleurs plus ou moins artificielle, c'est
qu'il existe encore en lui des émotions plutôt animales
qu'humaines, trop simples, incapables d'acquérir cette
infinie variété que nous sommes habitués d'attribuer au
beau. D'autre part, les plaisirs intellectuels eux-mêmes ne
nous semblent pas toujours mériter le nom d'esthétiques,
parce qu'ils n'atteignent pas toujours jusqu'au fond de
l'âme, dans la sphère des instincts sympathiques et sociaux,
ils ne produisent qu'une jouissance trop étroite. Mais nous
pouvons, en nous inspirant de la doctrine même de l'évolution, prévoir une troisième et dernière période du progrès
où tout plaisir contiendrait, outre les éléments sensibles,
des éléments intellectuels et moraux ; il serait donc non
seulement la satisfaction d'un organe déterminé, mais celle
de l'individu moral tout entier ; bien plus, il serait le plaisir
même de l'espèce représentée en cet individu. Alors se
réalisera de nouveau l'identité primitive du beau et de
l'agréable, mais ce sera l'agréable qui rentrera et dispa-

raîtra pour ainsi dire dans le beau. L'art ne fera plus qu'un avec l'existence; nous en viendrons, par l'agrandissement de la conscience, à saisir continuellement l'harmonie de la vie, et chacune de nos joies aura le caractère sacré de la beauté.

LIVRE II

L'AVENIR DE L'ART ET DE LA POÉSIE

LIVRE II

L'AVENIR DE L'ART ET DE LA POÉSIE

Il y a une quarantaine d'années, à la fin d'un repas chez
le peintre anglais Haydon, le poète Keats leva son verre
en proposant le toast suivant : « Honnie soit la mémoire
de Newton ! » Les assistants furent assez étonnés, et
Wordsworth, avant de boire, demanda une explication.
Keats répondit : « Parce qu'il a détruit la poésie de l'arc-
en-ciel en le réduisant à un prisme. » Et l'on but « à la
confusion de Newton. » — La poésie des choses est-elle
donc réellement détruite par leur connaissance scientifique ? Toute poésie ressemble-t-elle en effet à ce voile
multicolore et léger qui flotte entre terre et ciel, à cette
écharpe brodée par la lumière, que les anciens avaient
divinisée et dont Newton mit à nu la trame toute géomé-
trique et terrestre ? Dès le dix-septième siècle, Pascal disait
ne pas faire de différence entre le métier de poète et celui
de « brodeur. » Cette définition, assez méprisante dans la
pensée de Pascal, fut exagérée encore par Montesquieu :
« Les poètes, dit-il, ont pour métier d'accabler la raison
et la nature sous les agréments, comme on ensevelissait

autrefois les femmes sous leurs parures. » Ces paroles,
qui révoltaient Voltaire comme des crimes de « lèse-poé-
sie, » et auxquelles pourtant on n'attribuait pas plus d'importance alors qu'à des boutades, paraîtraient aujourd'hui
à un grand nombre de savants et de penseurs l'expression
exacte d'une vérité. La poésie, qui avait pour elle, au dix-
septième et au dix-huitième siècle, la majorité des « hon-
nêtes gens, » n'aura bientôt plus, nous dit-on, que la mino-
rité. La science est la grande obsession de notre siècle;
nous lui rendons tous, quelquefois sans en avoir bien
conscience, un certain culte au fond de l'âme, et nous ne
pouvons nous retenir de quelque dédain à l'égard de la
poésie. M. Spencer compare la science à l'humble Cendrillon, restée si longtemps au coin du foyer pendant que
ses sœurs orgueilleuses étalaient leurs « oripeaux » aux
yeux de tous : aujourd'hui Cendrillon prend sa revanche;
« un jour la science, proclamée la meilleure et la plus
belle, régnera en souveraine. » — « Il viendra un temps,
dit à son tour M. Renan, où le grand artiste sera une chose
vieillie, presque inutile; le savant, au contraire, vaudra
toujours de plus en plus. » M. Renan regrette quelque part
de n'avoir pas été lui-même un savant, au lieu d'être une
sorte de dilettante de l'érudition. Qui sait si, renaissant
aujourd'hui, un Gœthe n'aimerait pas mieux se consacrer
tout entier aux sciences naturelles? si un Voltaire ne s'ap-
pliquerait pas plus qu'autrefois aux mathématiques, dans
lesquelles il a déjà autrefois montré sa force? si un Shaks
peare, ce grand psychologue, cet esprit de tempérament
si scientifique sous son imagination puissante, ne délaisse-

rait pas les drames mesquins de l'humanité pour le grand
drame du monde? L'aïeul de Darwin consacra une partie
de sa vie à écrire de mauvais poèmes; son petit-fils,
né cent ans plus tôt, en eût peut-être fait autant; par
bonheur, Charles Darwin est bien de son siècle : au lieu
d'un poème des jardins, il nous a donné l'épopée scientifique de la sélection naturelle. Les poèmes meurent avec
les langues, et les poètes, comme l'a écrit l'un d'eux, ne
peuvent espérer pour leurs œuvres « qu'un soir de
durée au cœur des amoureux; » les toiles des peintres
s'usent, et, dans quelques centaines d'années, Raphaël ne
sera plus qu'un nom ; les statues et les monumeuts tombent
en poussière : seule, semble-t-il, l'idée dure, et celui qui a
ajouté une idée au lot de l'esprit humain peut vivre par elle
aussi longtemps que l'humanité même. Faut-il donc croire
que l'imagination et le sentimeut ne sont point vivaces
comme l'idée, et que l'art finira par céder la place à la
science? Il y a là un nouveau problème digne d'attention,
puisqu'il touche en somme à la destinée même du génie
humain et à ses transformations dans l'avenir.

CHAPITRE PREMIER

Les savants qui nous prophétisent que la poésie et les
arts disparaîtront par degrés s'appuient sur un certain
nombre de faits : les uns sont empruntés à la physiologie
et à l'histoire, les autres à la psychologie. — Examinons
d'abord ce que les sciences naturelles et historiques nous
apprennent sur le milieu où l'art peut vivre.

L'art, pour arriver à son plein développement, exige
autour de l'artiste comme chez l'artiste même un culte de
la beauté dont le peuple grec nous a donné l'exemple. Les
Grecs — M. Taine aime à le répéter — avaient pour la
pureté de la forme, pour la proportion harmonieuse des
membres, pour les belles nudités un amour poussé jusqu'à
l'adoration ; la beauté offrait à leurs yeux un caractère
sacré, et Sophocle, encore éphèbe, avant de chanter en
public un hymne aux dieux de la Grèce vainqueurs à Sala-
mine, jetait bas ses vêtements devant l'autel. Ce culte de la
beauté se retrouve à la Renaissance, au moment de la grande
éclosion de tous les arts en Italie : un membre, un muscle,

une omoplate suffisait pour transporter de plaisir ces générations d'artistes [1]. De nos jours, au contraire, la force et
la beauté du corps ne sont plus notre idéal. Tout semble
montrer d'ailleurs que la préoccupation trop exclusive des
belles formes, et aussi des ornements, des parures, est le
signe auquel on reconnaît les peuples primitifs. Chez ceux
des peuples modernes qui sont encore à un degré inférieur
de civilisation, comme les Arabes par exemple, le sexe mas-
culin lui-même montre une grande coquetterie ; il cherche
à plaire surtout par sa force et sa beauté physiques, par
ses vêtements et sa parure. La civilisation détruit graduellement ces instincts primitifs, qui ont été pourtant, selon
MM. Darwin et Spencer, le germe même de l'art. L'homme
de nos jours ne se soucie plus guère, sous les vêtements
commodes et disgracieux qui le cachent, d'avoir un torse
bien proportionné, des muscles vigoureux. La coquetterie,
que M. Renan appelle « le plus charmant de tous les arts, »
subsiste sans doute et subsistera longtemps encore chez la
femme, mais elle tend souvent à dévier de son but, qui
est de faire ressortir la beauté des membres : on a peur
de montrer même ses mains! Les femmes, qui devraient
plus que d'autres tenir à conserver des formes pures et cor-
rectes, entravent de mille manières le développement de
leur corps et la circulation de leur sang. Aussi n'est-ce
pas seulement le culte antique de la beauté, mais la

1. Benvenuto Cellini s'enthousiasme pour ces reliefs ou creux
que forment les cinq fausses côtes autour du nombril quand le corps
se penche en avant ou en arrière : « Tu auras du plaisir à dessiner
les vertèbres, ajoute-t-il, car elles sont magnifiques ; tu dessineras
alors l'os qui est placé entre les deux hanches, il est très beau. »

beauté même qui, selon certaines inductions physiologiques, semble aujourd'hui en décadence; de telle sorte que
le principal objet des arts tendrait à disparaître. « La
beauté, dit M. Renan, disparaîtra presque à l'avènement
de la science. »

En fait, les statistiques constatent une diminution de la
taille, une augmentation des infirmités et des maladies. Le
corps humain est un instrument auquel nous demandons
avant tout d'accomplir avec précision l'ouvrage particulier
auquel le destine la division croissante du travail : s'il se
déforme, peu importe; l'industrie, les grands ateliers, le
simple bureau de l'employé penché sur sa table, les salons
où la femme du monde va dépenser le peu de force que lui
laisse son sang appauvri, toutes ces servitudes ou ces jouissances de la vie moderne ont pour effet la décadence physique de la race et l'altération des formes. Ajoutez-y encore
l'effort de la science pour conserver les malades et les
infirmes, pour les aider à se reproduire; la conscription,
qui prend les hommes robustes en laissant chez eux les
faibles ; l'agglomération des villes, qui épuise et flétrit si
vite les générations : — vous en viendrez à comprendre
qu'une sorte de sélection à rebours pourrait produire
l'infirmité et la laideur. L'organe actif par excellence est et
sera de plus en plus le cerveau : c'est donc lui qui attire à
soi toutes les puissances de l'être. Selon certains anthro-
pologistes, le système nerveux de l'homme civilisé est plus
vaste de trente pour cent que celui du sauvage ; il ira
s'accroissant encore, et cela aux dépens du système musculaire. On peut donc poser la loi physiologique suivante

comme règle de l'évolution humaine : le système nerveux, se développant de plus en plus, affaiblira le reste de l'organisme dans la mesure strictement compatible avec le maintien de la vie et avec les fonctions de reproduction. Si l'homme pouvait vivre et faire souche quoique étant tout nerfs et tout cerveau, il tendrait à devenir tel et à réaliser ainsi ce qu'imagine Diderot dans le *Rêve de d'Alembert.*

A ces spéculations, nécessairement hasardeuses, sur l'avenir de l'humanité, une première réponse se présente : un être comme celui que Diderot et M. Renan imaginent est physiquement impossible ; la race en disparaîtrait au profit d'une autre mieux équilibrée. En outre, si vous attribuez au cerveau humain dans l'avenir un développement aussi miraculeux, vous devez logiquement lui supposer assez d'intelligence pour s'apercevoir à temps de la décadence qui menacerait le reste du corps. La grande anomalie de notre époque, c'est que la science, qui envahit l'instruction, n'a pas encore réglé pratiquement l'éducation tout entière ; mais le propre de la science est de guérir les blessures qu'elle a faites elle-même : elle le peut par une éducation mieux réglée, par une meilleure entente de l'hygiène et de la gymnastique, en un mot par une application plus méthodique des lois qui règlent le développement harmonieux des organes. Mettons cependant les choses au pis ; même dans ce cas, l'avenir de la beauté et de l'art serait-il absolument compromis, comme l'affirme M. Renan, comme semble le craindre M. Taine regrettant les superbes et tranquilles Vénus, « fortes comme des

chevaux ? » Nous ne le croyons pas. Pour parler d'abord
de la beauté, il y avait sans doute quelque chose d'admi-
rable dans la pureté immobile des formes, dans la proportion, dans le parfait rapport des organes aux fonctions qui
constitue la beauté *plastique* et « l'efflorescence de la chair ; »
peut-être cependant la beauté suprème et vraiment *poétique* est-elle surtout dans l'expression et le mouvement.
Pour un moderne, ce qu'il y a de plus beau dans l'homme,
c'est encore le visage. Or le visage, par le développement
du système nerveux, de l'intelligence et de la moralité,
tend à devenir plus expressif [1]. En vertu de la dépendance
mutuelle des organes, l'homme des siècles à venir, s'il
continue de développer son système nerveux dans une
mesure compatible avec sa santé générale, devra porter
dans sa physionomie même le reflet toujours plus visible

1. Rappelons brièvement quels sont, selon l'esthétique comme
selon la physiologie, les signes les plus caractéristiques de la laideur du visage. Ce sont : 1° la proéminence de la mâchoire, produite dans une race par l'usage exagéré de cet organe ; 2° la saillie des pommettes, qui s'explique par le développement des muscles de la mâchoire ; 3° l'épatement et le retroussement du nez ou
l'écartement des ailes, qui font ressembler le nez humain à un
museau d'animal ; 4° l'écartement des yeux ; 5° la largeur de la
bouche et l'épaisseur des lèvres. Or, tous ces signes physiologiques
de la laideur semblent nécessairement liés à une infériorité intellectuelle et morale de la race ; nous les voyons le plus marqués
chez les sauvages ; ils disparaissent quand la barbarie laisse place
à la civilisation ; ils ne semblent plus, dans les individus isolés chez
qui brusquement ils se retrouvent en plein, que des signes « d'ata-
visme ; » il est donc permis d'espérer qu'ils s'évanouiront peu à peu
dans les races supérieures sous l'influence du progrès intellectuel.
Il y a en définitive une correspondance étroite entre les traits du
visage et le cerveau, et cette correspondance devient manifeste
quand on considère les masses ou ce que la statistique appelle les
grands nombres.

de l'intelligence, « et, dans le fond des yeux, l'infini des pensées. » Le corps fût-il moins fort et moins beau que celui des athlètes de Polyclète ou des géants charnus de Rubens, la tête aurait acquis une beauté supérieure. N'est-ce donc rien, même au point de vue plastique, qu'un front sous lequel on sent la pensée vivre, des yeux où éclate une âme? Même dans le corps entier, l'intelligence peut finir par imprimer sa marque; moins bien équilibré peut-être pour la lutte ou la course, un corps fait en quelque sorte pour penser posséderait encore une beauté à lui. La beauté doit s'intellectualiser pour ainsi dire; il en est de même de l'art. Si c'est surtout par l'expression que peuvent vivre l'art moderne et la poésie, si la tête et la pensée prennent déjà dans les œuvres de notre époque une importance croissante; si le mouvement. signe visible de la pensée, finit par y animer tout, comme chez les Michel-Ange, les Puget et les Rude, l'art, pour s'être transformé, sera-t-il détruit? On pourrait dire, en empruntant à la science contemporaine sa terminologie, que les anciens ont connu surtout la « statique » de l'art ; il reste à l'art moderne, avec le mouvement et l'expression, ce que nous appellerons la « dynamique » de l'art. Suivant dans son progrès l'évolution même de la beauté humaine, l'art tend à remonter. en une certaine mesure, des membres au front et au cerveau.

CHAPITRE II

L'AVENIR DES ARTS SELON L'HISTOIRE. — L'ART ET LA
DÉMOCRATIE

L'histoire, comme la physiologie, a fourni contre l'avenir de l'art un certain nombre d'arguments spécieux. Le
développement de tel ou tel art semble le plus souvent
attaché à certaines mœurs et à un certain état social. Selon
M. Taine, il est plusieurs arts dès aujourd'hui languissants,
« auxquels l'avenir ne promet pas l'aliment dont ils ont
besoin. » « Le règne de la sculpture est fini, dit M. Renan,
le jour où l'on cesse d'aller à demi-nu. L'épopée disparaît
avec l'âge de l'héroïsme individuel ; il n'y a pas d'épopée
avec l'artillerie. Chaque art, excepté la musique, est ainsi
attaché à un état du passé ; la musique elle-même, qui
peut être considérée comme l'art du dix-neuvième siècle,
sera un jour faite et parachevée. »

L'art le plus compromis dans les temps modernes
est la sculpture, et Victor Cousin avait dit avant M. Renan
qu'il ne saurait y avoir de « sculpture moderne » avec
les mœurs de nos jours. En admettant que cet art se

trouve à ce point en danger, les progrès de la science,
qui caractérisent essentiellement l'esprit moderne, n'y
sont pour rien ; au contraire, la sculpture antique vivait
elle même par la science : les artistes anciens étaient plus
savants dans la technique de leur art que nos artistes
modernes. A la Renaissance, les Léonard de Vinci et les
Michel-Ange étaient de puissants génies scientifiques.
Loin de tuer la sculpture, c'est peut-être la science moderne
qui sera capable un jour de la rajeunir : rien de plus pré-
cieux pour l'art, par exemple, que les recherches commen-
cées par des savants tels que Darwin sur l'expression des
émotions. Le système nerveux et ses rapports avec le système musculaire renferment encore aujourd'hui, pour nous,
quantité d'inconnues. « Il n'est pas permis au sculpteur,
a écrit Ruskin, d'être en défaut soit pour la connaissance,
soit pour l'expression du détail anatomique. Seulement, ce
qui pour l'anatomiste est la fin, est pour le sculpteur le
moyen... Le *détail* n'est pas pour lui une simple matière
de curiosité ou un sujet de recherche, mais l'élément dernier de *l'expression* et de la *grâce*. » La *plastique* et la
science ne s'excluent donc point. Quant au changement des
mœurs, qui ne date pas d'hier, il n'a point entraîné et n'en-
traînera pas, sans doute, la disparition de la statuaire. On ne
refera point la Vénus de Milo ou l'Hermès de Praxitèle ;
mais qui sait si le statuaire ne deviendra pas capable de
fixer dans la pierre des idées, des sentiments poétiques
que les Grecs, avec toute la perfection plastique à laquelle
ils étaient arrivés, n'auraient pu rendre ni peut-être concevoir ? Praxitèle n'eût pas imaginé la Nuit ou l'Aurore de

Michel-Ange ; Michel-Ange ce poète de la pierre — et ce penseur — n'eût pu exécuter telle ou telle œuvre de Praxitèle [1].

La peinture a plus de chances encore de durée et même de progrès. La couleur est une chose éternelle. Nul Newton, en expliquant la courbe aérienne de l'arc-en-ciel, ne pourra la briser ni la faire évanouir. Le sentiment de la couleur n'a même fait que croître depuis l'antiquité. Les Grecs, on le sait, ne possédaient pas de mots précis pour désigner une foule de teintes ; sans tomber à ce sujet dans les paradoxes de certains physiologistes comme H. Magnus, on peut cependant admettre qu'ils n'avaient pas de la couleur un sentiment aussi fort que nos Titien et nos Delacroix. L'humanité semble devenue de plus en plus sensible à la langue des nuances, à tous les jeux de la lumière ; il y a là une voie qui reste ouverte pour l'art.

De même, la langue des sons est inépuisable. Prétendre avec M. Renan que la musique, qui date de deux ou trois siècles, sera bientôt une chose faite, c'est comme si l'on avait affirmé que la peinture était finie et « parachevée » avec Apelle et Protogène. On croyait aussi la poésie épuisée vers l'an 1820. L'idée mélodique répond toujours à un certain état intellectuel et moral de l'homme, qui change avec les siècles ; elle changera donc et pourra faire de nouveaux progrès avec l'homme même. Certains

1. Les types mêmes de la beauté varient d'un siècle à l'autre, d'un lieu à l'autre, en peinture comme en sculpture. Léonard de Vinci et ses disciples ont un certain type préféré qu'on retrouve partout dans leurs œuvres ; Pérugin et Raphaël en ont un autre ; les Vénitiens aussi.

musiciens comme Chopin, Schumann, Berlioz, ont exprimé
des sentiments propres à notre époque et correspondant
à un état du système. nerveux dont Hændel, Bach ou
Haydn auraient eu peine à se faire l'idée. La musique est,
comme l'a montré M. Spencer, un développement de l'accent que la voix prend sous l'influence de la passion ; or,
ces variations de ton, ces modulations naturelles à la voix
humaine peuvent aller se raffinant à mesure que le système
nerveux augmentera de délicatesse. Comparez la conver-
sation d'une femme du peuple avec celle d'une personne
distinguée, vous verrez combien la voix de la seconde a
des. modulations plus fines et plus complexes. La mélodie
musicale, suivant les variations de l'accent humain, peut
se nuancer de plus en plus comme les sentiments mêmes
du cœur. Quant à la crainte que les combinaisons des
notes de musique ne viennent à s'épuiser, elle n'est guère
sérieuse, si on songe aux lois mathématiques des combinaisons ; grâce au rythme et au mouvement, la mélodie
peut varier sans cesse ; d'autre part, l'harmonie a encore
des ressources sans nombre. Le critique anglais lord Mount
Edgaunbe reprochait autrefois à Rossini ses morceaux
d'ensemble à diverses parties, ses chœurs, ses duos remplaçant les longs solos du bon vieux temps ; il lui reprochait l'introduction des rôles de basse-taille dans l'opéra,
la multiplicité de ses thèmes mélodiques, alors qu'auparavant on se contentait d'un seul thème suivi de variations.
Enfin, aux yeux de ce critique d'art plein d'autorité en son
temps, la musique de Rossini était beaucoup trop complexe et « inintelligible. » Dieu sait pourtant combien elle

nous paraît aujourd'hui facile à saisir et relativement peu compliquée pour l'harmonie comme pour le rythme ! Dès maintenant, nous ne pouvons plus nous contenter d'une mélodie simple soutenue par un accompagnement simple ; peut-être, dans quelques siècles, nous faudra-t-il un enchevêtrement de mélodies comme on en rencontre dans les symphonies de Beethoven et dans les belles pages de Wagner. Quoi qu'il en soit, la musique est bien plutôt en voie d'évolution que de dissolution.

Quant à la poésie, selon le rêve de Strauss elle constituerait, avec la musique, la religion de l'avenir. M. Renan, au contraire, désespère de sa vitalité ; il s'appuie sur ce que la poésie grecque est morte, l'épopée morte, la tragédie morte : la science, en inventant la poudre, les canons et les fusils à aiguille, nous a enlevé les Homère et les Virgile de l'avenir. — Peut-être, mais d'autres génies sont nés et peuvent naître, qui n'ont guère de commune mesure avec ceux du passé. Si l'on nous donnait à choisir entre Shakspeare et Virgile, il serait permis d'hésiter. La poésie lyrique a de nos jours remplacé l'épopée ; faut-il s'en affliger outre mesure ? L'épopée classique ne pouvait vivre sans le merveilleux ; le merveilleux se réduit à quelque chose d'impossible et de faux en soi ; même au point de vue purement esthétique, est-il probable que l'épopée constitue le « genre » suprême de beauté ? Si nos canons n'avaient jamais tué qu'elle, ils seraient plus innocents qu'ils ne le sont. Au reste, nous avons eu, même de nos jours et malgré nos canons, des équivalents modernes de l'épopée, comme *la Légende des siècles.* La tragédie grecque avec ses

chœurs, avec ses mouvements lyriques mêlés à la trame
dramatique a également disparu ; mais ce qui a péri, c'est
surtout ce qu'il y avait en elle de conventionnel. La tragédie du dix-septième siècle elle-même est déjà d'un autre
âge ; les « tirades » des drames romantiques sont à leur
tour usées ; mais du continuel dépérissement des formes
particulières de la poésie l'historien n'a pas le droit de
conclure, avec M. Renan, au dépérissement de la poésie
elle-même. M. Taine, de son côté, a beau nous dire que
les langues anciennes et méridionales, naturellement
colorées, produisaient naturellement « poètes et peintres, »,
tandis que les langues trop abstraites des modernes rédui-
ront l'artiste à des « études d'archéologie ; » nous répondrons qu'en fait, les plus grands coloristes n'ont pas été les
anciens, mais les modernes[1]. M. Taine lui-même trouve-t-il
donc que son propre style, en comparaison de la langue
d'Isocrate, n'est pas assez « haut en couleur, » et que c'est
la faute de la langue française ? D'ailleurs le style *fleuri*,
auquel les langues du Midi semblent plus propres, ne
doit pas être confondu avec le style *poétique*. Le vrai coloris ne vient pas des images qui se trouvent déjà toutes
faites dans la langue et qui, fanées par l'usage, sont plu-

---

1. M. Taine objectera que nos puissants coloristes modernes, comme V. Hugo, Balzac ou Delacroix, sont des « visionnaires
surmenés. » — Nous répondrons que de tout temps les grands
artistes ont été portés à abuser de leur imagination ; celle-ci, en
vertu de la loi de « balancement organique, » se développe alors
d'une manière presque monstrueuse aux dépens des autres facultés :
les Isaïe, les Dante étaient aussi des tempéraments mal équilibrés,
ils avaient la fièvre et souffraient. Leur mal ne tenait point à leur
langue ni à leur époque, mais à leur génie même.

tôt une gêne qu'un secours ; il vient des images nouvelles
et expressives que le poète, avec les mots les plus simples,
sait évoquer devant l'esprit de son lecteur. Un langage
uniformément imagé altère même la pensée au lieu de la
faire ressortir ; c'est comme un tableau où toutes les couleurs seraient portées à leur plus haut éclat, sans dégrada-
tions et sans nuances

Une dernière objection à l'avenir de l'art a été suggérée
par l'histoire : c'est celle qu'on a tirée des faits politiques
et économiques dont notre siècle est témoin. Les masses
étant appelées à toutes les jouissances de l'art et devenant
aujourd'hui les véritables juges du beau, l'art même ne ten-
dra-t-il pas à s'abaisser pour se mettre au niveau de la
foule ? On ne vulgarise pas le beau. L'art, selon M. Renan,
ne pouvant rester le partage d'une petite élite aristocratique,
ne sera pas. Même doctrine dans M. Schérer. « L'art est con-
damné, dit aussi M. de Hartmann, à n'être pour l'âge mûr
de l'humanité que ce que sont le soir, pour les petits bour-
siers de Berlin, les farces des théâtres de notre capitale. »
Dans les raisonnements de ce genre, on oublie trop que
le peuple a eu de tout temps comme de nos jours son art
inférieur à lui, ses « farces, » ses contes qui le charmaient
à l'égal de certains romans contemporains. Parce que le
peuple moderne aime ses théâtres plus ou moins grossiers,
ses chansons gauloises, sa musique aux refrains sautil-
lants, ses romans de cour d'assises, on dit que l'art s'a-
baisse ; au contraire, de la farce au vaudeville. il y a quelque progrès ; les paroles et la musique d'opérette sont encore

de l'esprit « mis en gros sous; » enfin les romans judi-
ciaires sont le pendant des histoires de brigands qu'on
se racontait jadis au coin du feu et qui défrayent encore
l'imagination des Napolitains ou des Siciliens. Molière
n'eût peut-être pas joué à Pézenas ses pièces les plus raffi-
nées comme *le Misanthrope;* mais n'était-ce pas déjà une
belle chose que de voir les habitants de Pézenas écouter
Molière? En notre siècle, une sorte de « division du travail » se fait parmi les artistes comme parmi les savants; il
y a un art pratique et productif, une science usuelle et
terre à terre, qui n'empêchent point le grand art désintéressé ni la haute spéculation scientifique; de même qu'il
existe des ingénieurs pour les manufactures de tabac, il y
a des dramaturges, des romanciers, des chansonniers qui
écrivent pour les yeux et les oreilles populaires. La loi économique de l'offre et de la demande règle la production
artistique comme toutes les autres; seulement les demandes
changent suivant le milieu d'où elles partent. D'un groupe
du public littéraire à un autre groupe, il y a parfois autant
de différence qu'entre un siècle et un autre siècle : chacun
d'eux a son art, ses talents, ses réputations ; ces groupes
ne peuvent guère plus se passer les uns des autres qu'un
grand siècle historique ne peut se passer des périodes de
fermentation sourde qui l'ont précédé et produit. Loin
de blâmer l'existence des arts populaires, on peut s'en
réjouir, car c'est précisément ce qui permet à un art plus
élevé de se maintenir au-dessus d'eux; le peuple a toujours
eu besoin de passer par ces degrés pour arriver plus haut :
ce sont les marches du temple.

Il existe aujourd'hui toute une école d'historiens pessimistes : d'une part, cette école prévoit le triomphe universel de la démocratie comme une chose nécessaire, d'autre part, elle y trouve une cause inévitable de décadence pour l'art et en général pour l'intelligence humaine. Le raisonnement de ces pessimistes peut se formuler ainsi : l'idéal de la démocratie, c'est l'égalité politique et même économique entre les hommes ; cette égalité politique et économique tendra à produire une égalité intellectuelle, une élévation des petits esprits compensée par l'abaissement des grands ; cette universelle médiocrité tuera l'art, qui ne peut vivre que par la supériorité du génie et qui est ainsi, par essence, aristocratique.— Ce raisonnement, assez spécieux, est pourtant plus superficiel qu'on ne le croit; ce que les adversaires de la démocratie devraient prouver en effet, et ce qu'ils ne prouvent nullement, c'est que l'égalité des droits politiques tende à produire l'égalité des cerveaux et des aptitudes. Examinons pourtant la question en détail.

Tout d'abord la démocratie peut-elle détruire les conditions organiques et physiologiques du génie chez l'artiste? peut-elle réduire le nombre de ses circonvolutions cérébrales ou diminuer le poids de son cerveau ? — Cette thèse ne saurait se soutenir sans parti pris : il faudrait alors revenir à l'opinion de ce médecin, ennemi du suffrage universel, qui représentait l' « agitation électorale » comme devant s'étendre à l'esprit même des mères de famille, troubler le lait des nourrices et donner des convulsions aux électeurs encore naissants. Le jour où la démocratie produirait chez

le peuple qui en aura fait sa forme de gouvernement une
véritable dégénérescence cérébrale, ce peuple disparaîtrait :
la lutte pour la vie est, en effet, la loi des peuples ; la force
la plus puissante dans cette lutte est l'intelligence, et si la
démocratie déprime l'intelligence, supprime le génie,
elle ne saurait triompher dans l'avenir : les peuples qui
triompheront seront ceux qui auront le génie pour eux,
conséquemment l'art. La vérité est que la forme des gouvernements n'a pas d'influence directe sur le cerveau de
l'artiste. En aurait-elle d'une manière indirecte ? L'œuvre
d'art a-t-elle besoin pour naître de certaines conditions
civiles et politiques que la démocratie ne pourrait lui
fournir ? Tel est le second point que nous devons examiner.

L'artiste demande avant tout, pour travailler et produire,
la liberté : il l'a sous un gouvernement démocratique, il
ne l'a pas toujours ailleurs, et le despotisme de l'État ou
les entraves des castes ont certainement privé l'humanité
d'une partie de ses grands hommes. — L'artiste a besoin
aussi d'une demi-indépendance par rapport aux nécessités
de la vie ; en d'autres termes, il lui faut ce morceau de
pain quotidien que Berlioz allait manger, en l'assaisonnant
de raisins secs, au pied de la statue de Henri IV : l'artiste
pourra d'autant mieux rencontrer ce pain de chaque jour,
que les conditions sociales seront moins inégales et
que tout travailleur pourra compter sur un salaire. Sans
doute, il n'aura point à espérer la modique pension
donnée et retirée à Corneille par une main royale, ni l'au-
mône de 100 francs accordée à Camoëns par Sébastien ;
mais aussi il n'aura point à faire l'office de courtisan, ce

qui est après tout un métier aussi absorbant que bien
d'autres, et moins digne ; dût-il donner des leçons comme
Chopin, être professeur d'histoire comme Schiller, avocat
comme Uhland, décorateur de navires comme Puget ou
autrefois Protogène, agent d'affaires comme Cervantès, il
ne vivra pas plus difficilement qu'il n'a jamais vécu jusqu'ici ; il aura même à l'avenir plus de chances d'acquérir
quelque aisance et de se faire quelque part un nid pour
dévider à l'aise, comme le ver à soie, le fil léger et brillant
de ses fantaisies. — Ce n'est pas tout : il faut à l'artiste
une part de louange, des amis et des admirateurs ; il en a
quelquefois manqué : en manquera-t-il davantage désormais ? Jusqu'à présent, le génie, quand il existe, ne semble
guère à plaindre en ce temps de démocratie ; il l'est moins
qu'en aucun autre. Il est encore plus certain de trouver quelques échos dans tout un peuple que dans une petite société
choisie, mais asservie à l'étiquette, facile à l'épouvante, et
où d'ailleurs on se serre trop pour lui faire place. Nous ne
rappellerons pas l'histoire de Corneille portant son *Polyeucte*
à l'hôtel de Rambouillet, de Molière, de tant de grands
hommes que le peuple découvrit de prime abord. Une aris-
tocratie, même purement intellectuelle, une société d'élite,
une académie est bien souvent portée vers la réaction ; en
supposant qu'elle compte les esprits les plus capables de
comprendre l'art au point précis où il est arrivé à leur
époque, elle ne compte pas toujours ceux qui peuvent le
mieux comprendre l'art du lendemain. Au lieu de se plier
au goût plus ou moins altéré d'une époque, le génie entre-
prend de le réformer ; or, le goût d'une époque est sou-

vent plus facile à réformer (Corneille en a été encore un exemple) que celui d'une académie.

De tout temps le génie a été plus ou moins incompris; il n'en peut être autrement, puisque la nature même du génie est de se trouver en avant sur la moyenne des intelligences. Pour rencontrer un accueil plus sûr, il lui faudrait attendre la montée de la marée humaine, comme le pêcheur qui aborde au rivage attend, assis sur l'avant de sa barque, la vague qui doit le porter jusque sur le sable, se laisse soulever par elle et d'un bond saute gaiement à terre ; mais le génie est toujours pressé : en plein océan, il crie : « Terre ! » et s'élance pour aborder ; s'il arrive vivant, c'est une grande chance. Que lui importe? il arrivera toujours ; au besoin il suscitera lui-même le flot qui doit l'apporter mort ou vif. Il faut le reconnaître, les génies et même les talents ont eu le plus souvent trop d'ennemis pour ne pas avoir, par compensation, un petit cercle d'admirateurs enthousiastes. De plus, si on trouve peu d'exemples de génies parfaitement compris de leurs contemporains, on en trouve moins encore de génies méconnus par l'avenir. Les fureteurs d'archives n'ont découvert jusqu'à présent les traces d'aucun génie de premier ordre qui serait passé inaperçu de tous. Le plus grand danger autrefois pour l'artiste ou pour le penseur, c'était de voir son œuvre anéantie par le feu sur place de Grève, privée ainsi de l'avenir, damnée pour ainsi dire à jamais. Rien de tel n'étant à craindre aujourd'hui, l'artiste peut faire bon marché de tout le reste. Le plus grand danger qu'il puisse courir, c'est l'obscurité, c'est de se débattre dans l'indifférence ; mais, pour les talents bien trempés et qui sont sûrs d'eux, l'insuccès même est un excitant.

Sans doute le génie poétique et artistique ne pourra jamais éclater aux yeux avec la violence de certains génies scientifiques. Un marbre sculpté avec un art infini ne peut faire tout de suite autant de bruit dans le monde qu'une nouvelle locomotive apparaissant toute haletante sur les rails ou une nouvelle forme de steamer beuglant dans la tempête. Les découvertes du poète ou de l'artiste sont toujours plus discrètes ; elles se sentent par le dedans plutôt qu'elles ne se touchent du doigt. Cependant elles finissent toujours, comme disait Pascal, par éclater « aux esprits. » On nous représente la démocratie comme essentiellement « jalouse du génie ; » cette jalousie semble aussi platonique que l'a été bien souvent l'amour des gouvernements aristo-cratiques. Distinguons du reste entre les génies politiques et les génies de l'art : qui donc, parmi les démocrates les plus exaltés, a jamais eu peur de M. Gounod par exemple ? Qui a jamais voulu rabaisser le mérite littéraire de M. Renan ? Si les démocrates ont hésité à faire de M. Renan un sénateur, ils ont peut-être eu tort ; mais il faut bien convenir qu'ils avaient leurs raisons ; nul ne sait d'ailleurs si M. Renan eût été un bon politique, et lui-même, ce grand douteur, en douterait sans doute tout le premier. Quant aux génies proprement politiques, on s'est toujours défié d'eux, sous tous les régimes. Si la monarchie a eu ses Richelieu et ses Bismarck portés au premier rang, elle a eu aussi ses Turgot honteusement chassés. La démocratie moderne a su elle-même se servir, après tout, des hommes qu'elle a rencontrés sur son chemin, des Washington, des Lincoln et des Thiers.

Reste un dernier argument, tiré des conditions morales que l'art a besoin de rencontrer pour éclore. L'art, nous dit on, ne peut s'accommoder de cet amour du lucre qui nous envahit aujourd'hui ; l'art est le contraire de l' « américanisme ; » or c'est l'américanisme qui l'emportera : l'industrie tuera l'art. — Cette opposition à outrance qu'on établit entre les préoccupations trop pratiques de la vie et le désintéressement de l'art renferme une part de vérité. L' « américanisme, » cette science toute terre à terre, tout industrielle et mercantile, n'est pas seulement l'adversaire de l'art, mais aussi de la vraie science : dans la science, malgré l'importance croissante des applications pratiques, les spéculations théoriques et désintéressées sont toujours le premier moteur, le ressort de tout progrès. Aussi l'américanisme finirait-il par faire oublier non seulement l'art, mais la science : c'est donc l'ennemi commun. Il se détruirait d'ailleurs lui-même si jamais il triomphait complètement chez un peuple, parce qu'il se transformerait rapidement en routine, abaisserait l'intelligence et entraînerait la perte de la nation qui l'aurait favorisé à l'excès. Nous devons donc lutter contre les tendances trop exclusivement utilitaires que peut prendre à certains moments l'esprit national, lutter contre l'enseignement trop « primaire » ou « spécial. » cette forme mitigée de l'ignorance, maintenir enfin tout ensemble dans l'éducation la part de la science pure et de l'art, deux choses trop élevées pour se contredire. Quant à croire que

l' « américanisme » tient à une forme particulière de gouvernement ou à une marche générale de la civilisation,
c'est là une thèse vraiment inadmissible . il tient simplement au caractère des peuples et s'est rencontré de tous
temps dans l'histoire. Comme certains individus ne voient
d'autre idéal dans la vie que le bien-être, certains peuples
n'ont eu d'autre but que l'industrie et le commerce : tels
les Tyriens et les Carthaginois. D'autres ont trouvé moyen
de concilier le souci des intérêts matériels avec toutes les
recherches de l'intelligence : ainsi les Grecs, ce peuple de
marchands et de poètes, ont excellé dans tous les arts pratiques non moins que dans le grand art. De nos jours les
Anglais ont à la fois créé l'industrie moderne et suscité,
avec Shakspeare et Byron, la poésie moderne. Si les
Américains n'ont pas eu jusqu'à présent de poète de premier ordre, il faut s'en prendre à eux, non à l'esprit démocratique qu'ils sont censés représenter. L'empire du Brésil
est-il sous ce rapport plus avancé que la république des
États-Unis ? D'ailleurs il est impossible de juger les peuples
dont l'existence nationale date d'un siècle et qui sont pour
ainsi dire en voie de formation, sortes de nébuleuses
humaines. Ceux dont l'histoire est aujourd'hui achevée, et
chez qui le développement excessif des goûts mercantiles
semble avoir tué le grand art, doivent être plaints sans
doute, mais rien ne peut faire prévoir qu'ils aient
marqué d'avance la direction sans issue où s'engagerait
l'humanité : parmi les nations comme parmi les individus
il est des destinées incomplètes et avortées ; d'autres peuples au contraire pressentent l'avenir ; ils portent à leur

front, comme certaines tribus de l'Afrique, une étoile
qu'ils y ont eux-mêmes incrustée. On peut l'affirmer en
toute certitude, un grand peuple est plus que jamais aujour-
d'hui incapable de se passer de la science, qui est
une condition de vie dans la sélection nationale ;
d'autre part la science ne peut se passer de la théorie pure,
et enfin, partout où il y aura de la science pour la science,
aucune considération morale ou historique ne peut faire
prévoir que l'art pour l'art ne puisse apparaître.

En somme, l'histoire nous montre bien que l'art varie et
que ses variations correspondent à celles des mœurs, de
l'état social, des langues et même des formes politiques ;
mais elle est loin de prouver que ces variations impliquent
nécessairement une décadence actuelle ou future. Allons
plus loin. Quel est le signe caractéristique du progrès pour
un être sentant? C'est de pouvoir, lorsqu'il est arrivé à un
état supérieur, éprouver des sensations et des émotions
nouvelles, sans cesser d'être encore accessible à ce que
contenaient de grand ou de beau ses précédentes émotions.
Or, c'est ce qui arrive à l'homme moderne pour les émotions de l'art. Tout en goûtant l'art propre à notre époque
et à notre milieu, nous restons capables d'admirer les idées
et les œuvres d'un autre âge. Nous pouvons avoir des pré-
férences pour Alfred de Musset ou pour Victor Hugo, pour
Beethoven, Chopin ou Berlioz ; nous sommes peut-être plus
attirés par eux, ils nous racontent « notre propre rêve, »
comme disaient les anciens ; n'importe : nous pouvons
comprendre aussi Racine, même Boileau, nous admirons

Haydn; il est douteux que Boileau et Haydn eussent compris Victor Hugo et Berlioz. Notre sensibilité esthétique ne s'émousse donc point nécessairement par certains côtés en s'affinant par d'autres : elle devient seulement plus complexe. Cela tient à ce que notre intelligence même s'élargit : « Comme poète, disait Gœthe, je suis polythéiste; comme naturaliste, je suis panthéiste; comme être moral, déiste; et j'ai besoin, pour exprimer mon sentiment, de toutes ces formes. » Progrès, ici, n'est pas destruction. Chaque art, dans un milieu nouveau, ne peut plus revivre comme il a vécu, mais il ne meurt pas pour cela. Les grandes œuvres d'art s'élèvent les unes à côté des autres, comme de hautes cimes, sans jamais pouvoir écraser et recouvrir celles qui se sont dressées les premières.

CHAPITRE III

L'ANTAGONISME DE L'ART ET DE L'INDUSTRIE MODERNE

Suivant quelques esthéticiens, tels que MM. Ruskin et
Sully Prudhomme, l'industrie humaine deviendra de plus
et plus incompatible avec l'art. Les machines inventées
aujourd'hui offrent beaucoup moins de prise à l'imagination
que celles d'autrefois ; les machines de demain en offriront
moins encore : c'est que, suivant M. Sully Prudhomme, les
premières machines grossières inventées par l'esprit humain étaient bien plus « représentatives de leurs moteurs ; »
un moulin à vent, par exemple, éveille aussitôt l'idée
du vent qui doit le mettre en branle, un bateau à voiles
de même. Au contraire, la vapeur, l'électricité sont des
moteurs mystérieux dissimulés à l'intérieur de nos machines. Peut-être même viendra-t-il un jour où la force de
la vapeur sera bien plus despotiquement gouvernée par le
mécanicien, grâce à l'invention de quelque nouveau com-
bustible moins volumineux et d'un métal plus résistant ;
« alors la machine à vapeur se dépouillera de son énorme
appareil extérieur pour se réduire à une forme de petites

proportions, très éloignée de représenter la puissance de
son moteur. » M. Sully Prudhomme en conclut que nos
machines à vapeur actuelles l'emportent autant, au point
de vue esthétique, sur les machines de l'avenir que les
« magnifiques vaisseaux à voiles d'autrefois » l'emportent
sur « nos laids bateaux à vapeur. »

Ces considérations très ingénieuses renferment les conclusions les plus précipitées. Ce qui est esthétique dans une
machine, ce qui frappe notre imagination, ce n'est guère
la façon dont elle représente telle ou telle force de la
nature. Nous songeons beaucoup moins qu'on ne pense à
l'impulsion du vent, en voyant au loin errer sur la mer la
voile blanche et légère d'un bateau ; le mouvement du
bateau sera même d'autant plus gracieux qu'il aura l'air
plus spontané, qu'il ressemblera mieux au battement d'ailes d'un oiseau, au glissement d'un goéland à la surface
des flots. Ce n'est en aucune façon la représentation du
vent que nous admirons dans le bateau à voiles, c'est surtout l'apparence de la vie sous sa forme la plus charmante,
sous sa forme ailée. De même, un moulin à vent n'est beau
qu'en mouvement et dans l'apparence de la vie : au repos
et vu de près, c'est une assez laide machine. Un arc qui se
détend pour lancer une flèche ne manque pas de grâce :
pourquoi ? est-ce parce qu'il représente à nos yeux une force
de la nature, l'élasticité ? non, mais parce que son mouvement, qui est le germe du mouvement réflexe, semble un
signe et un commencement de vie. Moins une machine est
représentative de la force *extérieure* qui la fait mouvoir, plus
elle a de valeur esthétique. La machine qui ressemblera le

mieux à un être vivant sera la plus belle. Aussi la question
de savoir si les progrès de l'industrie sont antiesthétiques
nous paraît se ramener à celle-ci : les machines les plus
parfaites construites par l'industrie se rapprochent-elles
ou s'éloignent-elles du type des êtres vivants ?

A cette question la réponse ne paraît pas douteuse : l'industrie, qui cherche à éviter toujours davantage les frottements et les dépenses inutiles de la force, cherche par cela
même à produire la continuité et l'aisance dans les mouvements de ses machines, c'est-à-dire à les rapprocher du
type des êtres vivants. Plus nous irons, plus nos mécanismes paraîtront vivre d'une vie propre et bien coordon-
née ; plus le battement de nos balanciers se régularisera
pour mieux ressembler à celui des cœurs ; plus la vapeur,
l'eau ou l'air circuleront sans soubresaut dans les grandes
artères de fer ; plus les mouvements visibles des bras
d'acier prendront l'apparence de la spontanéité et de la
facilité. En somme l'idéal de l'industrie, étant l'économie
de la force, est bien la vie ; car c'est dans la vie que la
force est le plus épargnée, c'est là le foyer qui produit le
plus en dépensant le moins ; or la vie est l'idéal même de
l'art.

S'ensuit-il que, dès maintenant, toutes les machines de
l'industrie humaine offrent des types de beauté que puissent reproduire la peinture ou la sculpture ? Non, les
œuvres actuelles de l'industrie paraissent vivre, mais à la
façon des monstres. Leurs figures mêmes rappellent parfois les premières ébauches tentées par l'imagination de la
nature, les mammouths et les plésiosaures. La principale

beauté de nos machines est l'apparence de la vie, et cette
beauté ne peut guère être saisie que si elles sont en mouvement ; or précisément la reproduction du mouvement
échappe à nos arts représentatifs : ceux-ci doivent donc
renoncer à peindre tous les mécanismes qui n'ont pas, en
plus de la beauté du mouvement, une sorte de beauté
plastique. Mais un grand nombre des machines de l'industrie possèdent déjà au plus haut degré une beauté poétique,
parfois une véritable sublimité, qui tient précisément à ce
que leur reproche M. Sully Prudhomme, à ce que les puissances prodigieuses dont elles disposent sont condensées,
cachées en leur sein, et se révèlent tout à coup par un apparent miracle. Les forces mécaniques de la nature sont si
bien transformées en elles que, lorsqu'elles arrivent au
point d'application, elles y aboutissent méconnaissables
et éclatent à nos yeux comme une création nouvelle. Une
sorte de surnaturel domine ainsi toute notre industrie et
en fait la poésie ; cette apparence ne peut qu'augmenter
avec le temps et le progrès des mécanismes : la locomotive
grossière qu'un ingénieur anglais avait munie de béquilles
pour la pousser en avant était grotesque, précisément
parce qu'on assistait à chacun de ses efforts et à chaque
transmission de la force. L'imperfection mécanique d'une
machine est par elle-même une imperfection esthétique.
Il ne faut pas voir les ficelles des polichinelles. En somme
une locomotive d'aujourd'hui courant sur les rails de fer
qu'elle fait trembler, puissante comme la volonté humaine,
hardie et légère comme l'espérance, vaut bien les premières ébauches des locomotives routières ; elle vaut même,

quoi qu'on en dise, une charrette qu'un cheval s'essouffle à traîner.

Ce qu'il y a de peu esthétique dans les chemins de fer, concédons-le vite, ce sont les travaux de la voie, non pas les grandes constructions (comme les viaducs, comme la gueule sombre des tunnels), mais l'uniforme ligne des remblais grisâtres. L'esthéticien anglais Ruskin a voué une véritable haine aux railways ; le poète Tennyson lui a répondu que l'art peut, comme la nature, recouvrir de ses fleurs les voies même et les talus des chemins de fer. La véritable réponse à faire, c'est que les railways sont un mal nécessaire qui tient plutôt à la nature de l'espace qu'à la faute de l'industrie : la plus belle statue a encore besoin d'un socle, et il faut tendre la toile d'un Raphaël sur un prosaïque châssis. Les railways du mont Cenis ou du Saint-Gothard ont pour compensation la Suisse et l'Italie mises à proximité de Paris ou de Londres. M. Ruskin lui-même connaîtrait-il aussi bien Venise, Rome ou les Alpes, sans ces chemins de fer qu'il maudit en les pratiquant, et qui sont une des conditions du progrès esthétique chez l'homme ? Peut-être un jour les moyens de locomotion deviendront-ils en eux-mêmes poétiques, si le problème de la direction des ballons est enfin résolu et si l'homme peut changer de lieu comme l'oiseau, en planant.

Ce que nous disons de la beauté des locomotives ou des ballons peut s'appliquer à une foule d'autres œuvres de l'industrie. M. Sully Prudhomme fait cette remarque, que « nos armes à feu, beaucoup plus efficaces que celles de nos ancêtres, n'ont pas un aspect plus terrible. » Il oublie que la bouche des canons va grossissant suivant la masse du projectile : cette bouche béante, ce cou énorme, qui se tend au dehors des forts et des vaisseaux, cet acier qui a le brillant d'un œil au guet, fait la beauté des canons modernes, beauté où entre un vague sentiment d'effroi.

Une beauté du même genre se retrouve dans d'autres machines modernes d'un caractère plus pacifique. L'ancienne pompe à incendie manœuvrée avec les mains ne vaut pas la pompe à vapeur courant dans les rues et lançant sur les flammes un jet d'eau démesuré. Le simple marteau du forgeron n'a pas la sublimité du marteau-pilon, qui ressemble à une montagne mouvante se soulevant d'elle-même, pour retomber sur un incendie. Les bras décharnés de la grue primitive ne valent pas les tentacules énormes de la grue mobile à vapeur, qui tourne sur soi et se penche pour saisir dans le flanc même des vaisseaux les monceaux de blés ou les lourds tonneaux cerclés de fer. Notre télégraphe (qui disparaîtra peut-être un jour sous la terre) dépare quelquefois les champs par ses poteaux raides. Pourtant, dans les forêts de l'Engadine, les fils télégraphiques suspendus au tronc même des arolles, entre deux montagnes, n'ôtent rien à la majesté des vallées au-dessus desquelles ils se courbent en arc.

Enfin nos bateaux à vapeur, tant maltraités par M. Sully Prudhomme, ont eux-mêmes leur beauté, bien plus leur grâce. Quand on en découvre un de loin, c'est d'abord un point sur la mer ; mais on distingue déjà nettement son panache de fumée, dont l'inclinaison marque sa vitesse, sa lutte contre le vent ; ce petit nuage qui le surmonte est plus

aérien, plus ailé que la plus gracieuse voile. Quand le
vaisseau approche, son énormité devient visible ; mais elle
se meut avec tant d'aisance qu'elle effraye à peine ;
tout alentour l'eau bouillonne, refoulée par l'hélice invisible ;
bientôt ce sont des sifflets, des cris, des hurlements, des
rugissements (comme ceux de la « sirène »), qui semblent
les éclats de joie d'un monstre épouvantable et pourtant
docile ; on le voit bondir, souffler, haleter dans l'écume
blanche qui ceint sa masse noire. Pour trouver la représentation symbolique la plus saisissante de la puissance d'un
peuple moderne, il faut regarder sa flotte de guerre voguant
en ligne sur l'Océan, —troupe d'êtres gigantesques dont chacun cache au-dedans de lui des milliers de volontés distinctes, soumises à la même règle, se confondant dans le même
corps monstrueux, se manifestant par un seul mouvement
d'ensemble : chacun de ces vaisseaux ressemble au *Lévia-
than* de Hobbes ; c'est une société humaine personnifiée, qui
passe sur la mer, en marche vers des dominations loin-
taines. On comprend fort bien l'influence morale qu'exerce
l'apparition d'une flotte de guerre chez des peuples à demi
primitifs. Parfois deux flottes modernes se rencontrent en
pleine mer et se saluent pacifiquement : les immenses
vaisseaux, lancés à toute vitesse les uns vers les autres, se
ralentissent, se détournent par une courbe arrondie, puis
tout d'un coup s'enveloppent de fumée et d'éclairs, échan-
gent gaiement leurs effroyables saluts. Là encore on a une
personnification, sous une forme étrange, non plus seulement des forces de la nature, mais des forces sociales
unifiées, disciplinées, dirigées par un pouvoir invi-

sible, et prêtes à se partager ou à se disputer le monde. Enfin la nuit, pour éclairer sa route ou pour faire fête aux yeux qui le regardent, le vaisseau à vapeur s'enveloppe quelquefois de lumière électrique : alors c'est un éblouissement dont peu de choses au monde peuvent donner l'idée, une vision fantastique, — une sorte d'astre descendu des cieux et qui flotte sur l'azur scintillant de la mer comme dans un autre firmament étoilé.

CHAPITRE IV

DE L'ANTAGONISME ENTRE L'ESPRIT SCIENTIFIQUE
ET L'IMAGINATION

Des conditions extérieures de l'art passons à ses conditions intellectuelles et morales; ce sont les plus importantes. Il s'agit de savoir si l'esprit scientifique, qui pénètre peu à peu l'humanité et façonne les cerveaux de génération en génération, ne détruira pas à la longue ces trois facultés essentielles de l'artiste : *imagination*, *instinct créateur* et *sentiment*. C'est à la psychologie qu'il faut demander cette fois la solution du problème.

D'abord, selon certains savants et philosophes, le développement de l'esprit scientifique arrêtera celui de l'imagination poétique. Le règne de la science, succédant à celui des légendes et des religions, engendrerait, à en croire M. de Hartmann, le règne de la « platitude. » Lucrèce, en célébrant le triomphe de la science sur les croyances superstitieuses, célébrait en même temps son triomphe sur la poésie. Sans *mystère* point de vraie poésie, aiment à répéter les Allemands avec Schelling, Strauss et Wagner; sans *superstition*, point de vraie poésie, ajoutait Gœthe. Et, en effet, l'imagination poétique semble avoir besoin à la fois d'une certaine superstition, au sens antique du mot, qui lui permette de ne pas toujours expliquer les événements par leurs raisons froides, et d'une certaine ignorance, d'une demi-obscurité qui la laisse se jouer plus librement autour des choses. Rien de moins poétique, pourrait-on dire, qu'une grande route blanche sans recoins et sans tournants, où le soleil tombe d'aplomb ; au contraire, les fourrés, les bosquets, les angles d'ombre, tout ce qu'on ne voit pas du premier coup, tout ce qui semble nous fuir, fait la poésie de la campagne. Le grand défaut des plaines nues, c'est qu'elles ne nous cachent rien, et nous n'aimons pas la ligne droite, parce qu'en ouvrant les yeux nous voyons ce qu'il y a au bout. Le charme indéfinissable du soir, c'est de ne montrer les objets qu'à demi. Au clair de lune qu'ont chanté Beethoven et toute l'Allemagne, les choses se transforment, les chemins les plus vulgaires se remplissent de poésie, les objets dont on ne distingue plus les contours nets prennent une beauté faite de mollesse : l'ombre est la parure des choses. Les rayons de la lune semblent faire flotter tous les objets dans une nuée transparente et douce : cette nuée, c'est la poésie même, cette nuée fine est dans l'œil du poète et c'est au travers qu'il voit toute la nature. Dissipez-la, vous ferez peut-être fuir ses rêves, et parmi eux ce rêve divin, la beauté ; peut-être n'y a-t-il de poésie que dans ce qu'on soupçonne sans le voir. La pudeur est la poésie de l'amour : elle fait ressortir ce qu'elle dérobe. Le poète qui demande ses secrets à la nature est comme l'amant qui presse une honnête femme : il serait le premier désappointé s'il était satisfait trop vite, il veut avoir le temps d'espérer, de se plaindre, il aime mieux deviner que voir, imaginer que découvrir, parfois même désirer que jouir : « Je cherche le plaisir, dit Gœthe, et dans le plaisir je regrette le désir. » Alfred de Musset supplie son dieu de briser la voûte des cieux, de soulever les voiles du monde et de se montrer ; si Dieu avait répondu à son appel, est-il sûr que Musset l'eût adoré encore ? Peut-être toute la poésie de l'univers se serait-elle évanouie. Si les cieux ne nous cachaient plus rien, qui les distinguerait de la terre que nous foulons sous nos pieds ? Ce « tourment de l'infini » qui désole certaines âmes leur a donné aussi les jouissances les plus délicates, et peut-être auraient-elles hésité à l'échanger contre la science universelle. Pour ne prendre qu'un exemple, combien la science de nos jours, en analysant les métaux en fusion dans les étoiles, n'a-t-elle pas flétri ces « fleurs des cieux » où les anciens voyaient des êtres divins et immortels ! C'est ainsi, disent les esthéticiens mystiques, que la science fane ce qu'elle touche. M. Renan appelle quelque part la pudeur chrétienne une « charmante équivoque ; » on pourrait dire dans le même sens que toute la poésie mystique de la nature, toute la religion de l'art est aussi une équivoque ; mais ce sont ces équivoques qui font le prix de la vie. La nature n'est belle que voilée, et il faut peut-être se représenter l'art, comme l'amour même, avec un bandeau sur les yeux. Lorsque le beau nous aura révélé son nom, son histoire et tous ses secrets, qui sait si nous ne le verrons pas s'éloigner à ja-

mais, comme Lohengrin emporté par ses cygnes? L'erreur
même a sa poésie. « Ose te tromper et rêver, » disait Schiller : c'est la devise même de l'art.

Tels sont les arguments qu'on peut apporter en faveur de
la poésie du mystère et du mysticisme dans l'art. Selon
nous, l'opposition qu'on se plaît à établir ainsi entre l'imagination poétique et la science est plus superficielle que
profonde, et la poésie aura toujours sa raison d'être à côté
de la science. M. Matthew Arnold a dit, dans son *Essai sur
Maurice de Guérin :* « La poésie comme la science est une
interprétation du monde ; mais les interprétations de la
science ne nous donneront jamais ce sens intime des choses
que nous donnent les interprétations de la poésie, car elles
s'adressent à une faculté limitée, non à l'homm entier :
voilà pourquoi la poésie ne peut périr. » Tous les
efforts du savant tendent à abstraire des choses qu'il -
observe sa propre personnalité ; mais, après tout, le
cœur humain est une partie maîtresse du monde ; entre
lui et les choses doit exister une nécessaire harmonie : le
poète, en prenant conscience de cette harmonie, n'est donc
pas moins dans le vrai que le savant ; un sentiment vaut
autant par lui-même qu'une sensation ou une perception.
Ce n'est pas seulement la chose vue qui a une « valeur
objective, » c'est l'œil même qui voit. Nous ne pouvons pas
plus abstraire notre cœur du monde que nous ne pourrions
arracher le monde de notre cœur. Tous les théorèmes de
de l'astronomie n'empêcheront jamais que la vue du ciel
infini n'excite en nous une sorte d'inquiétude vague, un
désir non rassasié de savoir, qui fait la poésie du ciel. Les

savants cherchent à nous satisfaire, à répondre à nos interrogations : le poète nous charme par l'interrogation même et quelquefois, comme le musicien, préfère nous laisser sur la note sensible, dans je ne sais quelle attente anxieuse, plutôt que de contenter entièrement l'oreille et l'esprit. Le célèbre monologue d'Hamlet ne fait que poser un problème insoluble pour la science ; une des belles pièces des *Contemplations* sur le sort de notre globe et de l'humanité a pour titre un simple point d'interrogation. Y a-t-il des découvertes qui n'aboutissent pas à de nouveaux mystères, et qui ne favorisent ainsi l'essor toujours plus large de l'imagination ? La science, qui commence par l'étonnement, finit aussi par l'étonnement, dit Coleridge, et c'est de l'étonnement que naît la poésie comme la philosophie. Il y aura donc dans la science humaine une suggestion éternelle, conséquemment une poésie éternelle.

Bien plus, le « besoin de mystère et d'inconnu » qu'éprouve l'imagination humaine, si on l'analyse jusqu'au bout, apparaît lui-même comme une forme déguisée du désir de connaître. Nous parlions tout à l'heure du charme propre aux petits chemins, aux bosquets, aux tournants ; mais la principale raison de ce charme, c'est qu'ils nous permettent de faire des découvertes à chaque pas, c'est qu'ils tiennent en haleine la perpétuelle curiosité de l'esprit ; leur poésie ne vient pas uniquement de ce qu'ils nous ferment l'horizon, mais plutôt de ce qu'ils nous en promettent sans cesse un nouveau. De même, si on peut dire que la pudeur est la poésie de l'amour, on dira, avec non moins de raison, que c'est l'amour qui fait la poésie

de la pudeur ; ici encore, le charme du mystère n'est que
le désir de le pénétrer. D'ailleurs, les beautés fardées et
fausses sont les seules dont la poésie s'évanouisse au grand
jour. Que la science change sans cesse les points de vue
d'où nous étions habitués à regarder les hommes et les
choses, qu'elle produise ainsi des effets de lumière nouveaux, nous étonne et nous chagrine même parfois, personne ne le niera ; mais qu'y a-t-il là d'inquiétant pour le
poète ? Parfois, je l'avoue, j'ai envié la fourmi, dont l'horizon est si étroit qu'elle est obligée de monter sur une feuille
ou sur un caillou pour voir à un demi-pas devant elle : elle
doit distinguer une foule de choses charmantes qui nous
échappent entièrement ; pour elle, une allée sablée, une
petite pelouse, une écorce d'arbre sont pleines de poésies
inconnues pour nous. Si on élargissait sa vue, elle serait tout
d'abord dépaysée ; elle regretterait, devant nos forêts et nos
montagnes, l'ombre mouvante de ses brins d'herbe. C'est
ainsi que, si nous nous élevons assez haut, nous voyons avec
regret disparaître la poésie des détails, se fondre toutes les
petites choses, se niveler tous les recoins où se perdait
notre pensée, se redresser tous les détours qui excitaient
notre désir : rien, au premier abord, qu'une grande vue
d'ensemble, nue, sans une ombre ; une lumière crue, uniforme ; mais quelle largeur ! Le regard plane. C'est un
milieu immense auquel il faut se faire en s'agrandissant
soi-même le cœur. Puis, au delà du monde ainsi illuminé,
que de perspectives sans fin, se perdant encore dans
l'ombre ; quel besoin toujours croissant de regarder, de
savoir et d'agir !

Il y a, d'ailleurs, un mystère que la science ne peut détruire et qui servira toujours de thème à la poésie : c'est le mystère métaphysique. Il n'est pas besoin, comme les religions et les théologies, d'ajouter encore de nouvelles obscurités à celle qui enveloppe éternellement le fond des choses; arrivé là, le savant lui-même, réduit à s'arrêter, se laisse, suivant l'expression de Claude Bernard, « bercer au vent de l'inconnu, dans les sublimités de l'ignorance. » La science peut faire disparaître, sans que la poésie les regrette, les mystères artificiels des religions, qui appliquent leurs symboles même à l'explication de phénomènes purement scientifiques; mais la science ne détruira jamais le mystère métaphysique, celui qui porte non seulement sur les lois *inconnues*, mais sur l'essence peut-être *inconnaissable* de la réalité. C'est ce mystère qui suffira toujours à entretenir dans l'art, au-dessus du beau pur et simple, le sentiment du sublime.

L'obscurité qui prête un caractère mystérieux à certaines œuvres d'art peut tenir à deux causes bien différentes : tantôt au vague de la pensée, — comme il arrive dans Gœthe, dans Shelley et dans Byron. — tantôt à la profondeur de la pensée, — et c'est ce qui arrive souvent chez le même Byron, chez Shelley et chez Gœthe. — Dans le premier cas, le vague est un défaut, un signe de faiblesse, et ne constitue nullement la grande œuvre d'art; dans le second cas, la profondeur, malgré l'obscurité du premier coup d'œil, offre une perspective plus ou moins lointaine sur des clartés que la science découvrira un jour. La poésie est elle-même une sorte de science spontanée. Le grand

art ne consiste pas dans des rêveries vides et à jamais sté-
riles ; les pensées sublimes des poètes sont toujours des
ouvertures sur le présent ou sur l'avenir ; si c'étaient de
pures utopies, tout étrangères au réel, elles ne nous tou-
cheraient point. Ce n'était pas une chimère, par exemple,
que cette justice chantée par Sophocle dans un de ses plus
beaux vers, cette justice « qui s'étend aussi loin que la
voûte des cieux. » Nous la poursuivons encore aujourd'hui,
et nous cherchons à lui faire envelopper la terre. Le savant
écrit l'histoire précise et détaillée du monde, le poète en fait
pour ainsi dire la légende. Mais la légende elle-même n'en
est pas moins un document pour l'histoire, elle est souvent
plus vraie et, comme dirait Aristote, plus « philosophique »
que l'histoire. L'histoire ne nous fournit que des faits bruts,
souvent contestables, tandis que la légende nous fait connaître les sentiments profonds et durables qui dominent
ces faits et ont contribué à les produire. Ne retrouve-t-on
pas, exprimés dans les légendes des vieux peuples, tout
leur caractère personnel, toutes leurs aspirations confuses,
en même temps que celles de l'humanité entière? Dans les
périodes de travail et d'élaboration sourde, comme jadis
aux Indes, en Grèce, à la Renaissance, c'est chez les poètes
qu'il faut chercher le mot de l'avenir, les premières for-
mules vagues et profondes des pensées qui viendront plus
tard en pleine lumière. Le poète peut dire de lui ce que
disait Héraclite, ce philosophe au génie de poète : « Je suis
comme les sibylles, qui parlent par inspiration, et dont la
voix retentit pendant les siècles des vérités divines. » Certaines paroles d'Héraclite ou de Parménide, en effet, cer-

taines statues de Michel-Ange, certaines symphonies de Beethoven condensent des idées que le temps doit développer, et c'est de ces idées entrevues qu'elles tirent leur puissance. L'obscurité dans l'œuvre d'art vient alors de la largeur même des horizons qu'elle nous ouvre : c'est ainsi que le ciel, sur les hautes montagnes, paraît noir, par cela même qu'il verse directement sur nous toute la lumière des espaces infinis.

Pas plus que le mystère et l'ignorance, la superstition ne nous semble indispensable à l'essor de l'imagination poétique, quoi qu'en ait dit Gœthe, ce grand superstitieux qui croyait aux présages et voyait l'annonce de Waterloo dans le portrait de Napoléon tombé à terre. « La superstition, écrivait-il, est la poésie de la vie. » A l'origine, il est vrai, les mythes religieux ont eu leur poésie ; mais c'est qu'ils étaient, après tout, un premier essai d'explication. La superstition, en effet, consiste à placer dans les choses ou derrière les choses des volontés semblables aux nôtres : elle se réduit, comme l'a fait voir Auguste Comte, à une sorte de fétichisme. Les animaux ne sont pas superstitieux, parce qu'ils cherchent peu à comprendre ; l'humanité, au contraire, a voulu se rendre compte des phénomènes qu'elle apercevait, et pour cela s'est comme projetée en eux ; or cette première tentative pour systématiser l'univers avait sa grandeur, même au point de vue scientifique, et elle avait aussi sa poésie. Mais les mythes des anciens âges ne peuvent plus être pris au sérieux dans l'âge de la science. Faut-il le regretter au point de vue de l'art ? — Oui, nous dit-on, car il était plus poétique de placer derrière les objets

extérieurs des volontés semblables aux nôtres que de les
soumettre aux lois dures de la science : une loi ne vaut pas
un dieu. — En premier lieu, nous répondrons qu'une loi
même a quelque chose de divin : le vrai caractère de la
divinité, en effet, c'est l'infinité ; or une loi, reliant les
phénomènes les uns aux autres et nous invitant à remonter
sans arrêt la chaîne des causes, ouvre à l'esprit des perspectives immenses, et, pour qui l'approfondit, fait entrevoir
l'infini sous le moindre objet, rend l'infini présent pour
ainsi dire en chaque phénomène. Tandis que toute mythologie force l'esprit à s'arrêter dans sa recherche des causes,
donne comme explication suprême la volonté mesquine
d'un dieu et se réduit à l'Ἀνάγκη στῆναι d'Aristote, la science
enlève toute borne à l'intelligence et la place directement
en face de la véritable divinité : l'infini. De là une nouvelle
espèce de poésie, plus austère peut-être, mais bien plus
profonde et plus durable, celle que Victor Hugo a essayé
de symboliser dans le *Satyre* brisant l'Olympe. Quand
Leibniz replaçait avec respect sur une feuille l'insecte
qu'il y avait pris pour l'examiner au microscope, il ne le
voyait plus du même œil qu'un ancien eût pu le voir. En
cet atome il avait aperçu, comme Pascal dans le ciron, un
raccourci de la terre entière, des cieux et des mondes.
Toute l'immensité, a dit Victor Hugo, « traverse l'humble
fleur du penseur contemplée. » Cette idée de l'infini, iden
tique à celle du divin, vaut bien le merveilleux classique et
les décors fripés de l'Olympe. Si on peut faire un reproche
à Victor Hugo, c'est d'avoir encore trop usé du merveilleux
dans ses vers, où les fantômes blancs et noirs, les spec-

tres, les anges gardiens, les voix, les houris jouent un rôle si considérable et nous font malgré nous sourire. Cependant le monde des poètes, même chez Victor Hugo, tend à redevenir le monde vrai, non cet idéal de convention qui ressemble aux bergeries du dix-huitième siècle. On pourrait faire la même remarque, avec encore plus de vérité, pour l'un des meilleurs poètes de notre génération, malheureusement trop subtil et trop ingénieux. M. Sully Prudhomme l'a écrit dans le *Zénith*, les anciens dieux n'ont plus de prêtres ; ce sont des astres qui portent aujourd'hui les noms sacrés de Jupiter ou de Vénus, — des astres que l'homme a découverts et pesés. Mais, faisant pressentir lui-même par une métaphore heureuse toute la poésie de l'astronomie moderne, il s'écrie :

> Sous des plafonds fuyans, chasseresse d'étoiles,
> Elle tisse, Arachné de l'infini, ses toiles
> Et suit de monde en monde un fil sublime...

A cette transformation de l'univers par la science, le poète ne perd rien. M. Spencer, qui a défendu un jour la poésie de la science contre celle des « odes grecques, » fait à ce sujet de justes remarques. Pour l'homme de l'antiquité ou pour l'ignorant de nos jours, une goutte d'eau n'est qu'une goutte d'eau : comme elle change aux yeux du savant lorsqu'il pense que, si la force qui réunit ses éléments était tout à coup mise en liberté, elle produirait un éclair ! Un simple tas de neige devient une merveille pour celui qui a examiné au microscope les formes si variées et si élégantes des cristaux de neige. Un roc arrondi, strié de déchirures parallèles, suffit pour évoquer aux yeux l'image d'un glacier glissant silencieusement sur lui, il y a un million d'années. Grâce à la complexité croissante de nos connaissances acquises, chacune de nos sensations ne vient plus maintenant au jour qu'enlacée, enveloppée par une multitude d'idées qui la pressent et la soutiennent de leurs replis sans nombre, comme ces lianes inextricables qui courent dans les forêts vierges et recouvrent tout de leurs branches légères. Une science prise à part ne peut sembler, au premier abord, ennemie de la poésie que parce qu'elle est spéciale, trop cantonnée dans un coin de la réalité. Au contraire, une science universelle et synthétique aurait une poésie venant de son immensité même. La science, parce qu'elle a l'œil fixé sur la nature, n'est pas nécessairement terre à terre : le ciel n'est-il pas aussi dans la nature?

Non seulement la science nous inspire par elle-même un sentiment analogue à celui du divin, mais en outre elle ne préjuge rien sur le fond des choses, elle laisse le philosophe ou le poète généraliser dans leurs hypothèses les données certaines qu'elle nous fournit. Si le paganisme nous permettait de retrouver derrière les choses des volontés semblables aux nôtres, au fond la science maintient encore aujourd'hui cette conception. Elle ne supprime que le merveilleux et le miraculeux ; mais elle laisse dans le monde une vie sourde semblable à la nôtre, peut-être une conscience indistincte, peut-être une aspiration vague vers le

mieux, en tout cas quelque chose d'humain. Nous sommes
bien loin aujourd'hui des idées cartésiennes, qui rédui-
saient tout dans le monde, sauf la pensée humaine, à un
pur mécanisme. La science moderne a donné raison au
poète La Fontaine défendant les animaux contre le savant
Descartes (dont la doctrine fut d'ailleurs souvent mal inter-
prétée); la science semble encore de nos jours, avec Darwin
comme avec Gœthe et Geoffroy Saint-Hilaire, donner
un peu raison aux légendes hindoues et grecques sur les métamorphoses et les transformations des êtres animés. Plus
nous allons, plus nous retrouvons cette « identité originaire
entre l'homme et la nature » sentie vaguement par les
premiers poètes, et qui fait, selon Gœthe, « l'objet même
du génie; » nous voyons se rouvrir plus abondantes les
sources primitives de la poésie. Je me rappelle ce passage
de la grande épopée hindoue où Rama, enivré d'amour,
cherche dans la forêt silencieuse qui l'enveloppe une sorte
de vague sympathie avec lui, une communauté de tendresse et d'amour : « Vois cette liane flexible; elle s'est
posée amoureusement sur ce robuste tronc, comme toi,
chère Sita, fatiguée, tu laisses ton bras s'appuyer sur mon
bras. » Il y a plus que du symbolisme ici; le poète hindou
a entrevu cette réelle identité de nature entre tous les
êtres animés qui permet au savant moderne, comme
au brahmane antique, de se retrouver dans la plante
et dans l'animal, et qui lui met au cœur une sympathie
sans bornes pour la nature, frémissante comme lui-
même de vie et de désir. Ainsi, la seule vraie poésie qui
existât dans la mythologie ancienne subsiste encore aujour-

d'hui; l'imagination des Valmiki et des Homère serait plutôt excitée par un Darwin, et, de nos jours, Ovide pourrait assurément faire quelque chose de mieux que ses *Métamorphoses* fabuleuses, plus naïves qu'il ne croyait dans leur froide subtilité.

CHAPITRE V

L'art n'a pas seulement besoin que la science laisse à
l'imagination poétique son légitime domaine, celui de
l'idéal, du mystère et même du rêve; l'art ne peut réaliser
au dehors ses conceptions sans le génie, qui n'est autre
chose qu'un *instinct* créateur. Quoi qu'en pensent nos
« parnassiens » modernes, le calcul, la patience, la méthode,
la bonne volonté sont impuissants à produire une grande
œuvre : dans la morale, la bonne volonté est tout, a dit
Schopenhauer, dans l'art et surtout dans la poésie, elle
n'est rien. Le raisonnement même, en tant qu'il précède la
conception de l'œuvre, semble un signe de médiocrité :
c'est l'opposé du génie. Schiller écrivait avec profondeur,
dans une lettre à Gœthe : « Chez moi, le sentiment commence par n'avoir pas d'objet déterminé et précis. Tout
d'abord, mon âme est remplie par une sorte de disposition
musicale; l'idée poétique ne vient qu'ensuite. » L'artiste
est hanté par un véritable instinct de production; il n'est
pas absolument libre ni conscient; il ne sait ce qu'il a voulu

faire qu'une fois l'œuvre accomplie. Un naturaliste le comparerait à l'abeille ou à l'oiseau construisant des édifices merveilleux dont ils ignorent encore l'usage futur; au contraire, beaucoup de nos poètes contemporains ont « des rapports trop exacts avec un menuisier » qui ajuste de propos délibéré les pièces d'un meuble. Maintenant, cet instinct spontané, qui semble seul constituer le vrai génie, ne subira-t-il pas de graves altérations lorsque l'homme, sous l'influence de la science, sera devenu un être de plus en plus réfléchi? Que d'instincts ont ainsi disparu! Les hommes préhistoriques, selon M. Bagehot, devaient avoir des sentiments et des impulsions que les sauvages actuels n'ont pas; certains restes d'instincts qui les aidaient dans la lutte pour l'existence se sont effacés à mesure que la raison est venue. Des faits journaliers nous montrent encore cette influence destructive de la raison sur l'instinct. On connaît ces curieux enfants mathématiciens, ces prodiges en arithmétique qui, par une faculté innée, jouent de mémoire avec les sommes les plus effrayantes; eh bien, ils perdent toujours quelque chose de cette faculté, et même ils la perdent entièrement, si on leur apprend à compter par règles comme les autres hommes. Un nouveau problème se pose donc : faut-il raisonner par analogie de l'instinct au génie poétique et affirmer avec M. Renan que l'art, ce produit spontané des premiers âges de l'espèce humaine, tombera peu à peu, comme tout le reste, « de la catégorie de l'instinct dans la catégorie de la réflexion, » deviendra une affaire de méthode, de calcul, de science en un mot, et s'effacera, s'évanouira par degrés, comme se sont déjà évanouis tant d'instincts primitifs?

L'objection est fort spécieuse; mais nous croyons qu'une loi fixe règle les rapports de la raison et de l'instinct, et nous allons chercher si cette loi menace l'humanité de voir disparaître peu à peu le génie. L'instinct a pour but de satisfaire un besoin de l'être plus ou moins déterminé; si la raison peut satisfaire ce besoin avec une moindre dépense de force nerveuse et de volonté, elle se substituera nécessairement à l'instinct en vertu du « principe d'économie » qui régit la nature; mais la raison ne détruit jamais un instinct que *dans la mesure où il implique travail et peine* et où elle peut le remplacer *avec avantage*[1]. Maintenant la science et le raisonnement, dans l'art, peuvent-ils avec avantage remplacer l'instinct et le génie? Peuvent-ils accomplir la même œuvre avec moins de dépense? Non. Pour cela, il faudrait que l'art eût, comme le calcul, un objet parfaitement

1. Par exemple les enfants mathématiciens dont parle Bagehot avaient besoin d'une certaine tension nerveuse pour compter sans méthode et d'après des procédés empiriques : leur donner une méthode, c'était épargner de la fatigue à leurs cellules cérébrales, et cela, remarquons-le bien, sans rien changer au résultat obtenu; dans ce cas, l'instinct, distancé par le raisonnement, devait évidemment disparaître; c'est ainsi que l'ouvrier disparaît devant les machines qui travaillent à sa place. Non seulement la science remplace ainsi l'instinct, mais une science supérieure peut aussi se substituer très facilement à une science inférieure : tel problème, qu'un algébriste résoudra en un instant, exigerait plus de tension intellectuelle pour être résolu par l'arithmétique; aussi préférera-t-on l'algèbre. Si l'algèbre n'impliquait pas la connaissance et l'emploi de l'arithmétique, cette dernière pourrait s'oublier : ainsi s'efface l'instinct, cette sorte de science rudimentaire accumulée par les générations, lorsque la raison, cet instinct supérieur, peut, sans le même effort, remplir exactement la même fonction.

déterminé auquel on pût arriver par une voie régulière et
méthodique. Si, par exemple, le beau était réalisé quelque
part, ou si seulement c'était un idéal à jamais immobile, la
science pourrait finir par fixer les règles exactes au moyen
desquelles on reproduirait le type éternel de beauté :
l'artiste serait alors réduit au rôle de l'artisan travaillant,
avec plus ou moins d'adresse de main, selon un modèle
donné; la part de l'instinct et de la spontanéité serait bornée
à l'exécution. Par malheur ou par bonheur, l'invention reste
toujours dans l'art la chose essentielle. L'art se distingue
de la science par un trait de première importance et qu'on
a trop négligé de marquer : c'est qu'il a besoin de découvrir son objet même, le beau, au lieu d'avoir simplement à
analyser, à décomposer cet objet par le raisonnement. De
ce qu'une œuvre donnée est belle, par exemple une tragédie
de Racine, on ne peut jamais conclure qu'une autre œuvre,
construite d'après une méthode analogue, sera belle, par
exemple une tragédie de Voltaire : la première œuvre, précisément parce qu'elle a réalisé certaines beautés, a permis
d'en entrevoir d'autres par delà; elle a changé les conditions mêmes de la beauté. L'art ne pourra donc jamais
devenir une affaire de pure science, parce qu'il est une
sorte de création et que savoir n'est pas créer. L'instinct
du poète ne pourra jamais être remplacé par la raison,
comme l'instinct des jeunes mathématiciens dont nous parlions tout à l'heure : ici les rôles de l'instinct et de la raison
sont trop divers, ils ne sauraient s'échanger.

La science même ne peut se passer du génie. Il y a
quelque chose d'instinctif et d'inconscient dans la marche

de l'esprit toutes les fois que son objet n'est pas déterminé
d'avance ; or la science, en sa partie la plus haute, ne vit,
comme l'art même, que par la découverte incessante. C'est
la même faculté qui fit deviner à Newton les lois des astres
et à Shakspeare les lois psychologiques qui régissent le
caractère d'un Hamlet ou d'un Othello. Comme le poète, le
savant a besoin sans cesse de se mettre par la pensée à la
place de la nature et, pour apprendre comment elle fait, de
se représenter comment elle pourrait faire si on changeait
les conditions de son action ; l'art de l'un et de l'autre, c'est
de placer les êtres de la nature dans des circonstances
nouvelles, comme des personnages agissants, et ainsi,
autant qu'il est possible, de renouveler la nature, de la
créer une seconde fois. L'hypothèse est une sorte de roman
sublime, c'est le poème du savant. Kepler, Pascal, Newton,
comme le remarque M. Tyndall, avaient des tempéraments
de poètes, presque de visionnaires. Faraday comparait ses
intuitions de la vérité scientifique à des « illuminations
intérieures, » à des sortes d'extases qui le soulevaient au-
dessus de lui-même. Un jour, après de longues réflexions
sur la force et la matière, il aperçut tout d'un coup, dans
une vision poétique, le monde entier « traversé par des
lignes de forces » dont le tremblement sans fin produit la
lumière et la chaleur à travers « l'immensité. » Cette vision
instinctive fut la première origine de sa théorie sur l'identité
de la force et de la matière. La science, en face de l'inconnu,
se comporte donc à beaucoup d'égards comme la poésie et
réclame le même instinct créateur. Pour la faire avancer,
il faut une puissance d'intelligence intuitive amassée par

plusieurs générations ; il faut cette « vue intérieure » dont parle Carlyle, *insight*, qui pressent le vrai ou le beau avant d'en avoir la parfaite connaissance. Entendu de cette manière, l'instinct du génie n'est plus que la raison en son principe le plus profond et se retrouve à la source de la science même. Ce n'est donc pas le progrès de la raison et de l'intelligence qui peut le faire disparaître.

En fait, le dix-neuvième siècle est le siècle savant par excellence ; cependant ni Laplace, ni Darwin, ni Geoffroy Saint-Hilaire, ni Helmholt, n'ont entravé le développement de Byron, de Lamartine, de Victor Hugo ou de Musset. M. Taine, partisan trop excessif de la théorie des milieux, a consacré presque tout son livre de la *Philosophie de l'art* à analyser les conditions dans lesquelles l'œuvre des Raphaël et des Rubens a pu se produire ; mais la plus essentielle de ces conditions, après tout, c'était le génie, et le génie peut se retrouver dans les temps et les lieux les plus divers. Pourquoi la Hollande, ce pays assez grossier, où le corps trop nourri disparaît sous de lourds vêtements, où tous les goûts semblent si peu esthétiques, et qui est à l'antipode de la Grèce ou même de l'Italie, pourquoi la Hollande a-t-elle été si féconde en grands peintres ? pourquoi, dans l'ancien duché de Bourgogne, est-ce la Flandre seule qui prit le goût de la peinture, alors que la prospérité commerciale, les fêtes et les pompes étaient les mêmes dans une bonne partie du duché ? Pourquoi l'Espagne, cette nation à la tête étroite et dure, a-t-elle aussi ses grands peintres, et parmi eux un Murillo, — un mystique, à qui les nudités semblent avoir fait peur ? —

Tous ces problèmes sont insolubles si on ne fait pas la part du génie, qui « souffle où il veut » et peut-être un jour soufflera de nouveau sur nous. M. Taine explique fort bien *comment*, le génie une fois donné, la peinture italienne ou flamande a été ce qu'elle a été ; mais il ne nous dit pas et ne peut nous dire *pourquoi* elle a cte : ce n'est plus là une question de milieux, mais d'innéité, de penchants héréditaires, créés et développés par une série de causes trop complexes pour être analysées scientifiquement. Ces causes inconnues qui ont agi à un moment donné sur un peuple, puis, plus spécialement sur des individus privilégiés, rien ne peut nous faire prévoir qu'elles cesseront d'agir sur un autre peuple, à d'autres époques, et qu'on ne verra plus, par exemple, de Rubens ni de Vélasquez. De plus, quand les génies naissent, ils sont spécialisés d'avance : ils obéissent à une loi intime qui détermine leur direction [1]. Aurait-on pu empêcher un Mozart, un Haydn, un Rossini même, d'entendre, dès l'âge de dix ou douze ans, ses voix intérieures, de chanter comme l'oiseau et de composer d'instinct sonates ou opéras ? La science n'empêchera jamais le vrai génie de s'ouvrir lui-même une voie, comme les *destins*, et de trouver sa forme propre : *fata viam invenient.*

---

1. S'ils veulent désobéir à cette loi, ils souffrent ; l'artiste infidèle à la vocation de son génie ne tarde pas à y être ramené par une sorte de remords esthétique analogue au remords moral. (V. notre *Esquisse d'une morale sans obligation ni sanction,* I. III.)

CHAPITRE VI

L'imagination et l'instinct du génie, pour produire,
doivent être excités et fécondés par le *sentiment :* il faut
aimer son idée pour éprouver le besoin de lui donner vie;
or, entre la science et le sentiment, on a encore établi un
antagonisme. Stuart Mill lui-même, dans son espèce de
confession morale (*Autobiography*), reconnaît que l'analyse a une « force dissolvante » qui produisit en lui une
crise bien connue de désespoir : « L'analyse tue le sentiment. » A cette crise il ne trouva un remède que dans
l'art le plus éloigné de l'analyse réfléchie et de la réalité
positive : la musique. Cette troisième opposition entre
l'art et la science est-elle donc plus profonde que les
autres?

Ce serait évidemment une erreur de se figurer les sentiments humains, même les plus primitifs, comme inva-
riables à travers les siècles. Ils se transforment lentement,
mais d'une façon continue, et M. Taine l'a très bien montré
dans sa *Philosophie de l'art.* Essayons d'établir, ce qu'il

n'a pas fait lui-même, la loi de cette évolution et ses conséquences pour l'art. En premier lieu, tous les sentiments, spontanés d'abord et irréfléchis, qui entraînaient l'homme primitif comme par une action des nerfs purement réflexe, deviennent par degrés plus *conscients* et plus *réfléchis*. M. Renan et M. de Hartmann ont eux-mêmes fait voir comment la conscience tend de nos jours à pénétrer tout de sa lumière. En second lieu, les sentiments ont un objet plus général et plus abstrait ; ils n'ont pas besoin, pour être excités, d'objets extérieurs présents et tangibles ; ils peuvent s'appliquer non seulement à des êtres réels, mais à de pures idées, à de simples possibilités, à des formes, à des lois ; par exemple un peuple entier peut se *passionner* pour une idée, pour une doctrine philosophique ou politique, pour un système social, à plus forte raison pour un poème, un drame, un roman où la doctrine sera mise en action. Plus nous allons, plus le sentiment, qui n'était d'abord qu'une sorte d'extension de l'action réflexe, devient le prolongement nécessaire de toute pensée forte ; il tend à se fondre avec la pensée, il est la pensée même, vue sous un autre aspect. Notre sensibilité s'intellectualise et ne reste étrangère à aucun progrès notable de la science, car toute haute découverte scientifique a des conséquences philosophiques et finalement morales.

Analysons les sentiments les plus importants, ceux qui se rapportent à la nature, à la divinité, à l'homme : nous verrons quel changement ils ont subi et combien à notre époque ils sont devenus plus rationnels ou plus philosophiques, sans pour cela perdre de leur force et de leur poésie. Le sentiment de la nature, qui semblerait au premier abord devoir rester invariable, n'est pourtant plus aujourd'hui le même que dans l'antiquité. Comparez Homère, Lucrèce même ou Virgile avec Shakspeare, Milton, Byron, Shelley, Gœthe, Schiller, Lamartine ou Hugo [1]. Comment la vue du ciel étoilé, par exemple, produirait-elle la même impression morale sur un moderne que sur un ancien, quand le moderne se représente l'immensité là où l'ancien ne mettait qu'une ou plusieurs sphères de cristal, limitées par des murailles flamboyantes : *flammantia mœnia mundi?* Les plantes, les insectes, les oiseaux, tous ces êtres dont l'organisation et la vie, presque inconnues des anciens, nous ont été révélées dans leurs merveilleux détails, ont pris aux yeux du poète moderne la même importance qu'aux yeux du savant : l'univers s'est peuplé pour ainsi dire, non de dieux ou d'entités, mais d'êtres réels pullulant dans ses profondeurs. Chaque

1. Remarquons que la nature préoccupait les anciens surtout dans son rapport avec l'homme ; ils décrivaient peu pour décrire. Dans l'*Iliade*, disent les esthéticiens anglais Ruskin et Grant Allen, lorsqu'un endroit est mentionné avec une allusion au paysage, c'est généralement parce que cet endroit est « fertile, » « producteur de chevaux » ou « riche en blés. » Les paysages jouent un rôle secondaire dans la poésie grecqu et latine, comme dans celle du dix-septième siècle. Ils ressemblent, selon la remarque de M. Shairp (*On poetic interpretation of nature*), à ces fonds de tableaux qu'on trouve chez les Pérugin et les Léonard, à ces campagnes bleues et fuyantes qui servent surtout à faire ressortir la figure rosée d'un jeune homme ou d'une vierge. La nature était pour les anciens un cadre, et le sentiment de la nature avait presque toujours besoin, pour s'éveiller en eux, de se mélanger à quelque chose d'humain. L'homme a acquis de nos jours et continuera sans doute d'acquérir un sentiment plus désintéressé de la nature.

goutte d'eau, chaque souffle d'air est chargé de vies invisibles ; la nature qu'Orphée avait cru voir s'ébranler sur son passage, nous la sentons tous aujourd'hui palpiter émue sous nos pas, et l'antique légende devient une vérité scientifique : le roc vit, la forêt vit, des voix s'en échappent ; « J'entends ce que crut entendre Orphée, » s'écrie V. Hugo. Pour la poésie moderne comme pour la science, les êtres les plus infimes acquièrent de l'importance. V. Hugo s'arrête devant une marguerite des champs pour voir le symbole d'un monde dans sa corolle disposée en rayons autour d'un centre ; il pousse même à l'excès le culte de la vie inférieure : il chante le crapaud, le crabe, la chouette, la chauve-souris ; ses vers, quelle qu'en soit la valeur intrinsèque, marquent toujours une importante évolution dans les sentiments modernes. Michelet, E. Quinet dans la *Création*, ont fait en prose de véritables épopées de la nature. Nous connaissons et nous connaîtrons de plus en plus les mœurs, les amours, l'histoire mêlée à la nôtre de tous les êtres qui nous entourent, et l'homme ne pourra plus se considérer à part de cette sorte d'humanité inférieure qui l'enveloppe.

Le sentiment du divin, lui aussi, a subi des changements si considérables qu'il est inutile d'insister à cet égard : quelle évolution depuis Homère jusqu'au christianisme ! Il y en a une non moins sensible du dix-septième siècle à nos jours, des vers de Racine père et fils sur le « Dieu caché » dont le monde révèle « la gloire » à la prière qui termine l'*Espoir en Dieu*, ou — pour parler des contemporains — aux doutes de M. Sully Prudhomme, aux « anathèmes » souvent déclamatoires de M. Leconte de Lisle ou de madame Ackermann. — Quant aux grands sentiments qui se rapportent à l'homme, on n'y trouve pas moins marquée l'influence croissante de l'intelligence sur la sensibilité. Ceux qui ont pour objet la cité, la patrie, les corps sociaux, sont, de l'aveu de tous, devenus moins étroits et moins exclusifs : la patrie, aux yeux du penseur moderne, est la partie d'un tout, l'humanité. L'amour exclusif et même farouche de la patrie, si puissamment exprimé par Corneille dans *Horace*, fait presque défaut dans les drames et les romans de Victor Hugo, ou bien il se fond alors avec l'amour de la multitude humaine. Plus d'un philosophe cesserait d'aimer le pays où il est né, et plus d'un poète hésiterait à le chanter si, par impossible, sa conservation leur apparaissait comme nuisible à l'humanité entière. Les sentiments de ce genre, quoique s'appliquant à des objets définis et réels, tirent leur justification dernière d'un raisonnement sur l'abstrait. — Même transformation dans les sentiments qui, au lieu de s'adresser à des êtres collectifs comme la patrie, ne se sont d'abord adressés qu'à des individus : telle est la pitié. De nos jours, la pitié est à la fois plus facile à exciter, plus intense et plus générale. Elle n'est pas pour cela moins propre à inspirer la poésie. Chez les poètes grecs, elle avait presque toujours pour objet une personne déterminée : Hector ou Priam, Antigone, Polyxène, Alceste. Un poète moderne procédera autrement : c'est tout une classe, un peuple, une foule pour laquelle il éveillera notre pitié. Déjà, au dix-septième siècle, tendait à se produire cette généralisation du sentiment,

non moins poétique que philosophique. Voyez ce que
devient le bûcheron d'Ésope dans le pauvre vilain « tout
couvert de ramée » que nous représente La Fontaine :
nous sentons derrière lui toute une classe d'hommes
courbée sous le même fardeau ; bien plus, quand le paysan
de La Fontaine, en son style puissant et trivial, nous parle
de la « machine ronde, » nous croyons voir dans le même
cercle éternel de souffrance tourner l'humanité entière.
C'est ainsi que, avec moins de sobriété, mais autant de
poésie, Victor Hugo peut, dans un misérable, nous faire
pressentir les innombrables misères de la vie humaine et
même de toute vie. Peint-il un cheval frappé par son
maître (*Melancholia*), c'est d'abord une image nette,
isolée, aux contours tranchés ; notre pitié s'attache uniquement à ce cheval au poitrail en sang qui « tire,
traîne, geint, tire encore et s'arrête, » tandis que le
fouet tourbillonne sur son front. Puis le poète continue la
« mélancolique » histoire, en se demandant quelle loi
livre ainsi « la bête effarée à l'homme ivre, » et par degrés
l'horizon du tableau s'élargit ; dans le pauvre être muet
« dont le ventre nu sonne sous les coups de la botte ferrée, »
nous cessons de voir un individu, un cheval déterminé qui
monte sur le pavé glissant ; l'image douloureuse a envahi
tout le champ visuel, et notre pitié s'adresse à une multitude. De même, si Victor Hugo nous parle du travail des
enfants dans les manufactures, il commence par nous
montrer une grande usine où « tout est d'airain et de fer,
où jamais on ne joue ; » puis, tandis que les machines
tournent sans fin dans l'ombre sur la tête innocente des

enfants, il fait tout à coup, du sein même de la réalité, surgir devant l'esprit la terrible antinomie entre le perfectionnement des machines et l'abaissement intellectuel des travailleurs :

> Progrès dont on demande : Où va-t-il ? que veut-il ?
> Qui brise la jeunesse en fleur, qui donne, en somme,
> Une âme à la machine et la retire à l'homme !

Nous retrouverions les mêmes procédés inconscients de généralisation chez Gustave Flaubert, ce poète sans le rythme : « Ainsi se tenait devant ces bourgeois épanouis ce demi-siècle de servitude. » En la vieille paysanne que le romancier veut nous représenter se personnifie et apparaît à nos yeux la foule des hommes écrasés sous la même oppression séculaire. C'est encore une image qui devient une idée générale et philosophique ; elle y gagne une beauté supérieure.

L'amour, lui aussi, le plus puissant et le plus concret de tous les sentiments humains, a subi avec les siècles des transformations sans nombre. Il est surtout sensuel dans l'antiquité, même dans la Bible : l'homme alors ne voit guère dans la femme que son sexe et sa beauté. Au moyen âge, il devient mystique : il prend je ne sais quelle douceur et quelle onction religieuses[1] De nos jours, il se

---

1. Pour constater le changement, il suffit de lire par exemple le *Cantique des cantiques*, ce merveilleux chant d'amour, interdit jadis aux Hébreux avant l'âge de trente ans, puis le chapitre sur l'amour de l'*Imitation de Jésus-Christ*. Dans le poème hébreu, l'ardente passion physique n'est affinée par aucune arrière-pensée de pudeur moderne : « Qu'il me baise des baisers de sa bouche,..

transforme de nouveau : il acquiert une résonance profonde et douloureuse qu'il n'avait peut-être jamais eue à aucune époque de l'histoire. Ce n'est plus, ainsi que chez Sapho ou dans le *Cantique des cantiques*, un sentiment tout instinctif, naïf et borné comme ce qui est purement naturel ; la passion moderne, pleine du moderne « tourment de l'infini, » déborde en idées philosophiques et métaphysiques : c'est ce qui en fait l'originalité et la valeur, au point de vue même de l'art. « L'immense espérance » dont parlent nos poètes est, après tout, un espoir métaphysique ; Alfred de Musset mêle à tous ses amours cette soif d'idéal que ne peuvent éteindre les « mamelles d'airain de la réalité ; » il va jusqu'à la prêter à son don

car je suis malade d'amour. Que sa main gauche soit sous ma tête, et que sa main droite m'embrasse !... Que tu es belle, au milieu des délices ! Ta taille ressemble au palmier, et tes seins à des grappes. Je me dis : Je monterai sur le palmier, j'en saisirai les rameaux ! » Cet enivrement d'amour ne peut aller sans la jalousie : aussi le poète ne les sépare-t-il pas et les chante-t-il avec le même enthousiasme : « L'amour est fort comme la mort, la jalousie est inflexible comme le séjour des morts ; ses ardeurs sont des ardeurs de feu, une flamme de l'Éternel. Les grandes eaux ne peuvent éteindre l'amour et les fleuves ne le submergeraient pas. » Dans l'*Imitation*, nous retrouverons le même mouvement lyrique, bien plus, les mêmes métaphores, comme celles des grandes eaux et de la flamme ; mais toute la portée en est changée : la flamme dont il s'agira n'est plus celle qui brûle et dévore, c'est celle qui, légère, s'échappe vers le ciel dans un élan. « Celui qui aime, court, vole ; il est dans la joie, il est libre et rien ne l'arrête. Il donne tout pour posséder tout... L'amour ne connaît point de mesure, mais, comme l'eau qui bouillonne, il déborde de toutes parts... Aucune fatigue ne le lasse, aucuns liens ne l'appesantissent, aucunes frayeurs ne le troublent ; mais, tel qu'une flamme vive et pénétrante, il s'ouvre un passage à travers tous les obstacles et s'élance vers le ciel.. Si quelqu'un aime, il entend ce que dit cette voix. »

Juan idéalisé; il compare le désir cloué sur terre et aspirant toujours en haut à un aigle blessé qui meurt dans la poussière, « l'aile ouverte et les yeux fixés sur le soleil » (*Namouna*). La conséquence, chez Musset, de cette recherche inquiète de l'au delà, c'est que sa croyance en la réalité de ce monde s'affaiblit : « ce monde est un grand rêve, » une « fiction, » derrière laquelle on n'entrevoit rien qu'un « être immobile qui regarde mourir. » (*Souvenir*)[1].
Nous ne pouvons ni sortir pour toujours de « cette hideuse

1. Dans les vers curieux de l'*Idylle* dialoguée se trouve exprimée la théorie hindoue de la Maïa universelle, reproduite par Schopenhauer :

ALBERT.

Non, quand leur âme immense entra dans la nature,
Les dieux n'ont pas tout dit à la matière impure
Qui reçut dans ses flancs leur forme et leur beauté.
C'est une vision que la réalité.
Non, des flacons brisés, quelques vaines paroles
Qu'on prononce au hasard et qu'on croit échanger,
Entre deux froids baisers quelques rires frivoles,
Et d'un être inconnu le contact passager,
Non, ce n'est pas l'amour, ce n'est pas même un rêve...

RODOLPHE.

Quand la réalité ne serait qu'une image,
Et le contour léger des choses d'ici-bas,
Me préserve le ciel d'en avoir davantage !
Le masque est si charmant que j'ai peur du visage,
Et même en carnaval je n'y toucherais pas.

ALBERT.

Une larme en dit plus que tu n'en pourrais dire.

On voit par ce dialogue comment deux formes opposées d'un même sentiment, l'amour, finissent, en se développant parallèlement, par engendrer deux conceptions différentes du monde et de la vie humaine, l'une matérialiste, l'autre idéaliste.

réalité, » ni nous satisfaire jamais avec elle : « Dieu parle, il faut qu'on lui réponde; » la vérité nous adresse ainsi un grand appel, destiné à n'être jamais ni complètement entendu ni tout à fait trahi. Le seul moyen par lequel nous puissions nous arracher un moment à ce monde, la seule attestation suprème de l'au delà, c'est encore la douleur et les larmes; pleurer, n'est-ce pas sentir sa misère et ainsi s'élever au-dessus d'elle? De là cette glorification raisonnée de la souffrance, qui revient si souvent dans Musset et qui eût fort étonné un ancien: « Rien ne nous rend si grand qu'une grande douleur » (*Nuit de mai*); « Le seul bien qui me reste au monde Est d'avoir quelquefois pleuré » (*Tristesse*). La profondeur de l'amour, pour Musset, se mesure à la douleur même que l'amour produit et laisse en nous : aimer, c'est souffrir; mais souffrir, c'est **savoir**.

Chez Victor Hugo, le sentiment de l'amour, trop souvent factice, n'atteint aussi toute sa force qu'à condition de prendre, pour ainsi dire, une teinte philosophique. Comme exemple d'un sentiment profond d'amour mêlé au vertige de l'immensité, nous citerons une petite pièce sans titre du Ve livre des *Contemplations :* « J'ai cueilli cette fleur pour toi, ma bien-aimée. » La fleur dont il s'agit, pâle et sans autre senteur que celle des « glauques goémons, » croissait aux fentes d'un rocher, sur la crête d'une falaise, au-dessus de l'immense abîme où disparaissent «le nuage et les voiles. » — « J'ai cueilli cette fleur pour toi, ma bien-aimée, » reprend le poète, et sa pensée, se tournant vers celle qu'il aime pour revenir encore une fois vers les flots assombris, hésitante entre les deux infinis de l'amour et de l'océan, reste pour ainsi dire suspendue, comme la fleur même, au-dessus de l'immensité qui l'attire; tout son amour finit par se fondre en une grande tristesse, tandis que le soleil disparaît lentement et que le gouffre noir semble « entrer dans son âme » avec les frissons de la nuit.

M. Sully Prudhomme, ce poète malheureusement inégal, développe lui aussi dans ses belles pièces, comme *les Chaînes*, une conception originale du sentiment de l'amour, et, par cela même, il y introduit une poésie nouvelle. Il voit à peine dans l'amour cette vive ardeur de la passion que les anciens y voyaient seule; tandis que la plupart des autres poètes ont insisté sur les souffrances cuisantes du désir, il exprime plutôt cette souffrance sourde et profonde de l'attachement que déjà redoutait Pascal; ce qui le frappe surtout, c'est le lien « frêle et douloureux » qui retient et peut déchirer. Aussi l'amour humain ne lui apparaît-il plus que comme un effet de l'éternelle solidarité qui unit tout dans l'univers et qui joint l'univers à notre âme. De même que d'un sourire nous faisons la « chaîne de nos yeux » et d'un baiser celle de notre bouche, ainsi de « longs fils soyeux » unissent notre cœur aux étoiles, un « trait d'or frémissant » au soleil, la « douceur du velours » aux roses que nous touchons. Notre cœur se prend partout où notre intelligence s'applique; nous nous trouvons ainsi enveloppés dans une sorte de réseau infini d'amour, et c'est avec cet amour même qu'est faite notre douleur, car tout point aimant du cœur est un point sensible et douloureux : la souffrance morale est la

conséquence de l'attachement, elle se ramène à de la tendresse.

> ... Je suis le captif des mille êtres que j'aime.
> Au moindre ébranlement qu'un souffle cause en eux,
> Je sens un peu de moi s'arracher de moi-même.

Cette conception de l'amour se retrouve partout dans
M. Sully Prudhomme :

> On a dans l'âme une tendresse
> Où tremblent toutes les douleurs
> Et c'est parfois une caresse
> Qui trouble et fait germer les pleurs.

Nul n'a senti mieux ce qu'il appelle la vanité des tendresses,
c'est-à-dire l'impossibilité de retenir ceux qu'on aime,
de se donner réellement à tous et de les avoir tous à soi.
L'amour ne peut saisir ici-bas son objet ni, lorsqu'il croit
l'avoir saisi, le garder : cet objet fuit toujours dans l'inconnu, sans laisser en nous autre chose qu'une blessure.
Peut-être l'homme devrait-il, pour moins souffrir, se résou-
dre à aimer « comme on aime une étoile, »

> Avec le sentiment qu'elle est à l'infini...

En somme, tous les mouvements du cœur, quels qu'ils
soient, deviennent à notre époque plus réfléchis et plus
philosophiques ; la poésie qui les exprime subit donc une
transformation analogue. Cette intime pénétration de la
sensibilité par l'intelligence est l'une des causes principales du progrès moral et esthétique. Ce qui amène en

effet ce progrès, c'est la difficulté croissante pour la sensibilité d'éprouver du plaisir là où l'intelligence n'est pas
satisfaite : nous avons besoin de penser pour jouir pleinement. L'homme intelligent en vient donc à dédaigner les
jouissances trop grossières et trop animales, par exemple
l'amour purement physique, non enveloppé et voilé sous
la foule des idées morales, religieuses ou philosophiques.
Les plaisirs plus intellectuels acquièrent au contraire une
valeur croissante. Ainsi, à mesure que le domaine de l'intelligence s'agrandit, des espèces nouvelles de plaisir ou de
peine sont créées : le poète leur donne une forme. L'idée,
loin d'étouffer l'image, contribue souvent à la produire ;
la science établit sans cesse entre les choses de nouveaux
rapports qui donnent lieu à des apparences inattendues pour
l'œil même : la palette de l'écrivain s'enrichit par l'enrichissement de la pensée. De même qu'à l'origine l'intelligence semble être sortie du pouvoir de sentir, de même,
par une évolution en sens inverse, une sensibilité plus
exquise sort de l'intelligence même : dans chacun de nos
sentiments se retrouve notre être tout entier, si complexe
aujourd'hui, et qui essaye de rendre sa pensée égale au
monde ; dans chacun de nos mouvements, nous sentons
passer un peu de l'agitation éternelle des choses, et dans
une de nos sensations, quand nous prêtons l'oreille, nous
entendons la nature entière résonner, comme nous croyons
deviner tout le murmure de l'océan lointain dans une des
coquilles trouvées sur sa greve.

CHAPITRE VII

DANS QUELLE MESURE LA POÉSIE PEUT S'INSPIRER DES IDÉES SCIENTIFIQUES ET PHILOSOPHIQUES

Nous avons vu que l'art tend aujourd'hui à s'inspirer de la science, des lois de la nature qu'elle découvre, des grandes doctrines morales, sociales, métaphysiques qui ont renouvelé le fond des idées en notre siècle. L'union de l'esprit scientifique et philosophique s'est déjà manifestée dans l'auteur de *Faust* et dans Schiller (dont les poésies philosophiques, selon Lange, ont une grande profondeur). Le problème métaphysique du mal n'a été posé nulle part avec plus de force que dans le *Caïn* de Byron, — son chef-d'œuvre peut-être en même temps que son œuvre la plus philosophique. Les vers qui ont illustré Léopardi sont des vers philosophiques. Les plus puissantes visions de la *Légende des siècles* et des *Contemplations*, où se trouve mêlé, comme dit Victor Hugo lui-même, Ézéchiel à Spinoza, ont toujours un sens moral, social ou métaphysique, d'où elles ne tirent pas leur moindre valeur. Mais il y a ici des écueils de diverses sortes auxquels les écrivains de la génération présente nous paraissent souvent se heurter ; il importe donc de déterminer dans quelles limites et par quelle méthode l'art peut ainsi s'inspirer de la science ou de la philosophie.

Une première méthode que nous trouvons parmi les artistes contemporains, c'est celle de nos « naturalistes. » Ceux-ci affichent la prétention de chercher comme la science la « vérité exacte, » au lieu du mythe et des jeux de l'imagination, et ils croient trouver la vérité dans la réalité brute. Ils prétendent, comme dit le principal d'entre eux, « se passer de l'imagination » et même du sentiment moral, c'est-à-dire de ce qui fait la poésie, pour s'en tenir à la pure sensation. Les romantiques demandaient autrefois à l'artiste d'avoir, comme disait Th. Gautier, le « sens du pittoresque » ou de « l'exotique ; » aujourd'hui nos naturalistes lui demandent d'avoir la « sensation du réel. » On ajoute, il est vrai, que cette sensation doit être originale : une sensation originale en présence des choses, tel est, dit lui-même M. Taine, ce qui caractérise le grand artiste. — Mais, demanderons-nous, d'où vient cette originalité de la sensation ? Tient-elle seulement, comme M. Taine semble parfois le croire, à une perception plus facile, plus délicate et plus prompte que celle des autres hommes ? Non, elle s'explique en outre par une pensée plus large, plus systématique, conséquemment plus philosophique : l'originalité de la perception est dans l'intelligence encore plus que dans les sens. C'est le penseur qui fait le véritable artiste. M. Ruskin a eu raison de le dire. il y a deux classes de poètes : les uns sentent fortement, pensent faiblement et ont une vue inexacte de la vérité ; ce sont les poètes de second ordre ; les autres sentent fortement, pensent non moins fortement et voient la vérité exacte, ce sont les poètes de premier ordre. — Même la puissance de sensation, chez le poète, s'explique en grande partie par une puissance d'induction, de généralisation, qui lui fait tirer de la chose perçue toutes les idées indistinctes et confuses qu'elle contenait. De là vient, comme le remarque encore M. Ruskin, que les génies montrent leur grandeur jusque dans la manière dont ils traitent le détail : *maximus in minimis ;* « et cette grandeur de manière consiste à saisir par la pensée, en même temps que le caractère *spécifique* de l'objet, tous les traits de beauté qu'il a *en commun* avec les ordres plus élevés de l'existence. » Cette perception de l'universelle analogie dans l'universelle différence n'est-elle pas identique à ce que Leibnitz appelait le sens philosophique par excellence ? La qualité maîtresse qui distingue le grand poète se trouve donc être au fond la qualité essentielle du philosophe.

La plus notable partie des êtres vivants sentent en moyenne de la même manière ; la principale différence entre leurs sensations vient de l'étendue plus ou moins grande de leur intelligence, qui tantôt ne saisit que l'objet brut, tantôt devine en lui un monde. Celui qui voyage en Normandie aperçoit de longues files de bœufs, couchés paresseusement, les yeux grands ouverts, regardant le frais paysage aux lignes noyées que parfois un peintre est précisément en train de reproduire : une même image se reflète ainsi à la fois dans les yeux de l'homme et des animaux ; la différence, c'est que dans le cerveau des uns cette image glissera sans laisser de traces et mourra à peine née; dans le cerveau de l'autre, elle pourra susciter des vibrations sans nombre, elle s'achèvera en des sentiments, en des pensées de toute sorte, qui finiront par se fondre avec elle, par modifier l'image même : c'est cette image ainsi modifiée, où a passé quelque chose d'humain, que le peintre ou le poète doit saisir, fixer sur la toile ou dans des vers. Il faut sans doute qu'il nous représe· te une nature réelle, de vrais arbres, des animaux vivants, mais tout cela vu par un homme et non par un bœuf. Tous ces objets, qui ont pour ainsi dire traversé son cerveau, doivent porter l'empreinte de sa pensée personnelle, et c'est de cette empreinte même (n'en déplaise aux naturalistes) que les objets tirent leur plus grande valeur. Les savants calculent une fois pour toutes leur « équation personnelle, » puis tâchent de l'effacer désormais de leurs calculs, la poésie doit sans doute, comme la science, reproduire le monde, mais elle doit aussi reproduire l'âme humaine tout entière, et en particulier l'âme du poète; chez l'artiste, c'est « l'équation personnelle » qui fait le génie, c'est elle qui donne à l'œuvre son prix éternel. L'art ne saurait donc se réduire, pas plus que la science même, à la sensation pure et simple, à la couleur, aux sons, à la chair, à la superficie des choses. S'il prend de plus en plus pour but la réalité, ce ne sera pas seulement la réalité apparente et grossière qui, après tout, n'est point la complète réalité scientifique; s'il s'essaye de plus en plus à reproduire la vie, ce ne sera pas seulement la vie matérielle et brutale. L'art, pour être vraiment naturaliste, devra procéder comme la nature même, qui d'abord nous fait respirer et vivre, mais ne s'arrête pas là et nous fait ensuite penser.

Nous croyons donc que l'art pourra être plus « scientifique » et plus philosophique sans que la poésie en souffre. Loin de nous d'ailleurs la pensée qu'un poète philosophe mette jamais en vers les catégories d'Aristote, ou qu'un romancier savant, voulant décrire une fleur, la range tout d'abord parmi les dicotylédonées ! Non, car l'exactitude la plus scrupuleuse et la plus terre à terre ne vaut pas le moindre élan de l'imagination et de la pensée : « Le mirage du désert, a écrit M. Ruskin, est plus beau que ses sables. » Mais ce qui nous paraît infiniment probable, c'est que le poète, et en général l'artiste, acquerra de plus en plus, d'une part l'*esprit* scientifique, qui montre la réalité telle qu'elle est, d'autre part l'*esprit* philosophique, qui, dépassant la réalité actuellement connue, se pose les éternels problèmes sur le fond des choses.

Ceci nous amène à parler d'un autre excès que nos contemporains n'ont pas toujours évité. Si les naturalistes ont tort de vouloir s'en tenir à la pure sensation, certains de leurs adversaires n'ont pas moins tort de transporter dans leurs œuvres la pensée abstraite avec le style didactique. Le style proprement didactique et technique est devenu presque incompatible avec la vraie poésie. Si on peut faire un reproche à des poètes d'une réelle valeur, comme M. Sully Prudhomme, c'est d'être tombés parfois dans ce genre, d'où nous étions sortis depuis Delille; c'est d'avoir cru qu'on pouvait faire un cours plus ou moins régulier de philosophie et même de physique en sonnets, comme on avait voulu mettre jadis l'histoire en rondeaux; c'est d'avoir décrit

l'échelle où se mesure
L'audace du voyage au déclin du mercure (le baromètre),

c'est d'avoir parlé des « beaux yeux de la vérité » dont le savant suit l' « amorce », — des « fougueux rouleaux de fer » (les roues d'un train), — de « cette étrange nef pendue à sa voilure » (un ballon), etc. Il vaut mieux ne pas parler en vers de choses dont on n'ose pas parler simplement dans le langage de tous. Simplicité et intelligibilité, tel est le premier mérite de la vraie langue poétique. Il y a donc ici une importante distinction à faire. « Les *procédés* de la science, — expérimentation, analyse, raisonnement inductif et déductif, — ne peuvent par aucun moyen devenir poétiques : ce sont leurs *résultats* seuls qui le peuvent[1]. » La pure description n'a jamais été le plus haut genre de poésie, *a fortiori* la description de choses ardues, conséquemment ennuyeuses : décrire pour décrire, c'est trop souvent le contraire de penser, c'est donc l'opposé du véritable esprit philosophique et scientifique. Dans chaque nouvelle province conquise par la science, la poésie peut sans doute entrer et faire à son tour acte de possession, mais *graduellement;* c'est là ce que semblent oublier plusieurs poètes contemporains qui veulent immédiatement « mettre en vers » les décou-

1. Voir M. Shairp, *On poetic interpretation of nature.*

vertes de la science ou les systèmes tout faits de tel ou tel philosophe, comme si on pouvait vraiment mettre en vers autre chose que sa propre pensée, en ce qu'elle a de plus personnel [1]. Rien d'opposé au rôle de poète comme celui de traducteur ou de compilateur. Les vérités scientifiques, pour devenir poétiques, ont donc besoin d'une condition essentielle : il faut qu'elles soient devenues assez familières au poète lui-même et à ses lecteurs pour pouvoir prendre la forme du sentiment et de l'intuition. Le poète peut être un penseur, non un maître d'école ; il doit *suggérer*, non *enseigner*. « Si le poète, dit M. Shairp, est obligé d'instruire préalablement ses lecteurs des faits qu'il veut traduire dans le langage de l'imagination, il se trouve forcé par là même de devenir froid et sans poésie. Ainsi Lucrèce n'est pas sans lourdeur dans les parties de son poème où il *argumente* et expose philosophiquement la théorie atomiste, mais il prend son essor dès que, laissant derrière lui l'enseignement, il s'abandonne à la *contemplation* des grands mouvements élémentaires et de la vaste vie qui pénètre l'ensemble des choses. » Si Virgile, lui, a pu être didactique sans dommage pour la poésie, c'est qu'il s'agis-

---

1. Dans une spirituelle étude intitulée *un Poète philosophe : Sully Prudhomme*, M. Coquelin dit avec raison en parlant du poème de *la Justice :* « J'avoue que, pour mon compte, je trouve quelque chose d'excessif à traiter ainsi la poésie comme une science exacte. Nous serons bien avancés quand nous lui aurons donné, à elle qui est chose ailée et fuyante, l'allure positive et pointue de la science ! Si, pour suivre la pensée du poète, il nous faut déployer la même somme d'attention que pour suivre une théorie de Kant, que gagnons-nous à ne pas lire Kant lui-même ? »

sait des champs, des plantes, des paysans : le sentiment de la nature venait se mêler à la pure description d'un art et de ses procédés.

En résumé, la science, pour inspirer l'art, doit passer du domaine de la pensée abstraite dans celui de l'imagination et du sentiment : si on peut un jour écrire sur les idées universelles de la science, ce sera en prenant pour moyen les *émotions* qu'elles excitent. A ce prix seulement la science sera devenue poétique et, comme dirait Schiller, « musicale. » La poésie, en effet, comme le croient les esthéticiens allemands, a de nombreuses analogies avec la musique, cette poésie des sons ; or nous avons vu que la musique, de plus en plus savante et complexe, cherche à mettre le monde entier dans ses symphonies : la voix humaine ne nous suffirait plus aujourd'hui si nous l'entendions isolée, à part de ce frémissement des choses qu'essaye de nous représenter l'orchestre. Ainsi en sera-t-il un jour pour la grande poésie, où ne pourront plus suffire les broderies mélodiques semblables aux « airs à roulades » de la vieille musique italienne ; on réclamera une harmonie plus ample, et le poète, s'inspirant de la science, qui est au fond la recherche de l'harmonie universelle, s'efforcera d'entendre et de traduire toutes choses à sa manière, sous forme d'accords. Rien n'y restera simple et pauvre, isolé, abstrait artificiellement du reste du monde. Selon un de nos savants contemporains, si nous avions une oreille infiniment délicate, nous pourrions, dans une forêt en apparence silencieuse, saisir les pas innombrables des insectes, le balancement des brins d'herbe, la palpitation des feuilles, la vibration des rayons, le murmure continu de la sève montant et descendant dans les grands arbres : ce bruissement de la vie en toutes choses, cette montée de la sève universelle, c'est la philosophie et la science qui peuvent, par instants, les faire deviner à notre oreille encore grossière, c'est grâce à elles que nous saisissons les richesses harmoniques éparses dans le monde et que le poète condense dans son chant; sans elles nous ne pourrions entrevoir le véritable univers, deviner le sens de la grande symphonie, avec toutes ses dissonances jamais résolues, où le poète retrouve encore, amplifiée à l'infini, l'accent d'une voix humaine.

Il y a, semble-t-il, trois périodes distinctes dans le développement de la poésie. Nous avons vu qu'à son origine la poésie ne faisait qu'un avec la science même et avec la philosophie de la nature. Que sont le Rig-Véda, le Bhagavad-Gitâ, la Bible, sinon de grands poèmes métaphysiques où la vision colorée de la surface des choses s'allie à des vues profondes et mélancoliques sur l'au delà? Les Parménide, les Empédocle étaient des poètes; les Héraclite, les Platon l'étaient aussi à leur manière. En même temps, c'étaient des savants. De même pour Lucrèce. A une période ultérieure, une sorte de division du travail s'est produite dans la pensée humaine. On a vu des poètes qui n'étaient pour ainsi dire que des êtres sentants; on a vu des savants à l'intelligence tout abstraite. Dans un avenir plus ou moins lointain peut redevenir possible l'union de l'originalité

poétique avec les inspirations de la science et de la philosophie. Poète a toujours eu le sens de créateur ; le poète a
été jusqu'ici et sera toujours un créateur d'images, mais il
peut aussi devenir de plus en plus créateur ou évocateur
d'idées et, par le moyen des idées, de sentiments. N'est-ce
pas Virgile lui-même qui a formulé la critique de tout art
purement imaginatif et sensitif le jour où, quelqu'un lui
demandant s'il existait un plaisir capable de n'inspirer
jamais ni dégoût ni satiété : « Tout lasse, répondit le poète,
excepté comprendre : *prœter intelligere?* » Cet acte de la
pensée, que Virgile finissait par élever au-dessus de tout,
est en lui-même une jouissance, au point qu'Aristote y
plaçait la béatitude divine ; et cette jouissance que nous
donne la science, le grand art doit aussi nous la fournir :
« comprendre » et pénétrer, tout au moins mesurer des
yeux la profondeur de l'impénétrable et de l'inconnaissable,
tel est le plaisir le plus haut que nous puissions trouver
dans la poésie, et ce plaisir est tantôt scientifique, tantôt
philosophique. D'une part, nous l'avons reconnu, les vues
d'ensemble de la science ont une largeur qui peut donner
essor à l'imagination ; d'autre part, dans la série des
grandes énigmes de l'homme et du monde que nous fait
parcourir la philosophie, il existe un attrait indéfinissable
et éternel, comme dans les longues allées de sphinx des
temples égyptiens, se perdant à travers l'espace désert.
Même pour qui laisse ces énigmes irrésolues, elles
gardent encore une sorte de charme anxieux ; car l'intelligence, qui devient de jour en jour la partie la plus vivante
et la plus exigeante de l'homme, demande moins encore

à être pleinement satisfaite qu'à être toujours excitée ; ce qui fait la douceur de « comprendre, » c'est la douceur de penser, douceur qui subsiste encore là où le savoir a ses limites et où la pensée conçoit l'infinitude.

LIVRE III

L'AVENIR ET LES LOIS DU VERS

LIVRE III

L'AVENIR ET LES LOIS DU VERS

Les instruments de musique qui ont été longtemps aux
mains des grands maîtres en gardent à jamais quelque
chose ; les mélodies dont a frémi le violon d'un Kreutzer ou
d'un Viotti semblent avoir peu à peu façonné le bois dur ;
ses molécules inertes, traversées par des vibrations toujours
harmonieuses, se sont d'elles-mêmes disposées dans je ne
sais quel ordre qui les rend plus propres à vibrer de nouveau selon les lois de l'harmonie : l'instrument purement
mécanique est devenu à la longue une sorte d'organisme
où l'art même du musicien s'est incarné : il a pris l'habitude
de chanter. Le vers ressemble à ces instruments presque
vivants, créés peu à peu par le génie ; toute pensée, en
passant au travers, prend une voix musicale et chante, et il
semble qu'il n'y ait qu'à le toucher pour en tirer une
mélodie. Cette belle résonance du vers, si puissante sur
l'âme des anciens, si puissante encore aujourd'hui sur
nous tous, continuera-t-elle longtemps à nous séduire et à
tenter pour ainsi dire le génie ? Cet instrument merveilleux,
qu'on ne peut plus refaire une fois brisé, est peut-être

destiné, comme tous les autres, à se désorganiser lentement avec les années, à tomber en poussière. Si la *poésie* est éternelle, le *vers* le sera-t-il? Le mètre, transformé depuis les Grecs et les Latins, bouleversé de nos jours mêmes par l'école romantique, a-t-il de longues chances de durée et de vie? Déjà des poètes incontestés, comme Michelet, Flaubert, M. Renan, ont pu s'en passer. Autrefois, le vers régnait en maître dans la littérature ; les Grecs légiféraient même en vers ; aujourd'hui, quelle petite place il tient dans la diversité des genres littéraires ! Pourquoi le sentiment poétique resterait-il, comme il l'a été aux anciennes époques de l'histoire, nécessairement lié à une certaine forme rythmique et musicale? En un mot, la poésie la plus haute a-t-elle besoin de la versification ?

Le problème qu'on pose ainsi n'intéresse pas moins le philosophe que l'écrivain. Il ne saurait être résolu que par une analyse vraiment scientifique du vers. Nous aimons presque tous le rythme et l'harmonie des vers sans trop savoir ce qui nous plaît en eux ; il faudrait le savoir. Il faudrait savoir si le vers n'est pas la seule forme de langage qui réponde complètement à certains états d'esprit par lesquels l'homme passera toujours, et si en conséquence le vers ne durera pas aussi longtemps que l'homme même, s'il n'est pas enfin, comme l'a dit le poète, ce

> je ne sais quoi de frêle
> Et d'éternel, qui chante et plane et bat de l'aile.

Le vers moderne est constitué par deux éléments inséparables, d'abord le *rythme* ou la mesure (qui devient dans

les grands vers le principe de la *césure*), puis la *rime* ; c'est
à l'étude de ces deux éléments qu'on pourrait réduire
toute la science du vers. Cette science a été l'objet, depuis
quelques années, d'un certain nombre de travaux. Outre
quelques pages très suggestives de M. Herbert Spencer, il
faut mentionner particulièrement un ouvrage du savant
éditeur d'André Chénier, M. Becq de Fouquières, où il a
tenté de donner une théorie complète de la versification
française [1]. Pour nous, nous croyons que, le vers étant
à la fois un système de sons vocaux (c'est-à-dire de
mouvements physiologiques) et un système de pensées ou
d'émotions, la science du vers doit s'appuyer tout ensemble
sur la physiologie et sur la psychologie. C'est donc à ce
double point de vue, physiologique et psychologique, que
nous nous placerons pour examiner la nature du rythme et
de la rime, leur origine, leur importance relative et leurs
chances de durée. Nous rencontrerons, chemin faisant, les
doctrines poétiques du romantisme, exprimées avec beaucoup d'esprit et d'exactitude par M. de Banville, ce défen-
seur convaincu de la rime riche (et aussi de la cheville) [2] :
nous aurons à voir jusqu'à quel point le vers romantique

1. Voir M. Herbert Spencer, *Essais de morale et d'esthétique*, t. I,
(trad. Burdeau); M. Becq de Fouquières, *Traité général de versification française* (Charpentier); M. Renouvier, *Études esthétiques*
(*Critique philos.*, 3ᵉ année). — Voir aussi l'ouvrage de M. E. Gurney
The power of sound (London) et un intéressant petit traité de
M. Johannes Weber sur les *Illusions musicales*.
2. Voir M. de Banville, *Petit traité de poésie française* (Charpentier). M. de Banville s'est souvent inspiré d'un volume aujourd'hui
assez rare (*Prosodie de l'école moderne*, de Wilhem Tenint, 1844),
dont il exagère beaucoup les théories.

— le vers du dix-neuvième siècle, avec ses enjambements et ses sonorités — fait réellement exception aux grandes lois qui réglaient l'ancien alexandrin français. La prétendue révolution accomplie par le romantisme dans la forme du vers est-elle autre chose qu'une évolution régulière, et où doit-elle s'arrêter?

CHAPITRE PREMIER

LE RYTHME DU LANGAGE ET SON ORIGINE.
FORMATION DU VERS MODERNE

Les adversaires du vers lui adressent une série de reproches souvent assez graves. En premier lieu, selon nos
prosateurs « naturalistes[1], » le vers ne conviendrait plus
pour rendre la surabondance et la mobilité de la pensée
moderne. Un beau vers, un beau poème paraissait aux
anciens et aux classiques je ne sais quoi de parfait en son
genre et de définitif, la seule forme capable de fixer à
jamais l'idée ; mais ne comprenons-nous pas maintenant
que l'idée ne peut ainsi se fixer, qu'elle est sans cesse en
progrès et va brisant les moules les mieux ciselés où l'on
a essayé de la retenir ? Le nom même de ποίημα, qui semble
indiquer une chose créée une fois pour toutes, complète,
où l'on ne puisse rien changer, répond-il bien à l'idéal de
la pensée moderne ? On croyait jadis à la beauté absolue,
comme on croyait au bien absolu, au vrai absolu ; de là,
suivant un de nos « naturalistes, » le culte classique et

1. Par exemple M. Zola.

religieux de cette forme absolument parfaite qu'exige la
poésie. Les vers avaient leur dieu, et il semblait qu'un beau
vers fût l'incarnation même d'Apollon. Encore de nos
jours, ce qui soutient dans leur tâche les derniers poètes,
c'est l'illusion du parfait, de l'absolu, que ne peut donner
la prose la plus limée. Croire qu'on a réalisé un ajustement
d'idées et de mots que rien ne peut plus détruire, s'imaginer qu'on a trouvé pour eux l'équilibre éternel, ou plutôt
le mouvement perpétuel du rythme soulevant les syllabes
et les entraînant en cadence sans les heurter, quoi de plus
séduisant et de moins vrai ? La prose, ce qu'il y a de plus
relatif et de plus mobile dans le langage, semble mieux
convenir pour l'expression de nos idées modernes, si
changeantes elles-mêmes. Les grands poèmes des anciens
âges ressemblent à ces pyramides dressées pour l'éternité,
où les vieux peuples aimaient à inscrire leur histoire en
caractères merveilleux et symboliques : aujourd'hui, les
faits et les idées se succèdent si vite pour nos cerveaux
fatigués que nous avons à peine le temps de les transcrire
à la hâte, le plus simplement possible, sans symboles ni
figures délicatement sculptées ; puis nous laissons s'envoler
au gré du vent tous ces feuillets noircis : écrire n'est plus
graver.

Une seconde supériorité de la prose, selon ses partisans,
c'est d'être plus exacte que le vers dans la reproduction de
la réalité, plus scientifique, plus impersonnelle, plus
« objective » en un mot, comme toutes les choses moyennes ;
d'autre part, elle a acquis de nos jours une souplesse telle
qu'elle ne recule devant aucun des effets réservés jusqu'alors

à la poésie. La prose est une envahissante qui sans cesse
tourne à son usage et s'approprie tout ce que le vers a créé :
elle s'est enrichie d'une foule d'expressions figurées, de
mots images que ce dernier avait contribué à produire. Ce
sont des tempéraments de poètes qui ont accompli la révolution romantique ; ce sont aujourd'hui les prosateurs qui
en profitent le plus et comptent les noms les plus illustres.
La prose a accaparé la succession de la poésie épique et
didactique ; peu s'en faut qu'elle n'ait pris déjà pleine possession du théâtre ; c'est elle qui a fait le roman moderne.
De nos jours, combien d'écrivains dont chacun connaît les
noms, combien de romanciers ou de critiques, après avoir
commencé par le vers, l'ont presque abandonné plus tard[1]?
Sainte-Beuve le constatait et s'en plaignait un peu, quoiqu'il eût lui-même prêché d'exemple ; il songeait avec peine
à toutes ces idées jetées par lui et par tant d'autres au
hasard de la prose, dans l'insouciance du travail quotidien,
et il les comparait à « de la poudre d'or embarquée sur des
coquilles de noix, au fil du courant. » Il faut maintenant
plus que de l'inspiration, il faut du courage pour écrire en
vers. « Trouver six beaux vers ! s'écrie spirituellement
M. Taine (encore un poète sans le rythme) ; mais j'aimerais
mieux commander une armée... Il y a telle occurrence où
les soldats tout seuls ont gagné la bataille. Mais trouver
six beaux vers ! » Dès aujourd'hui, la prose est la langue

1. M. A. Daudet, M. Theuriet, M. A. Lefèvre, etc., etc., ou en
remontant plus haut, Sainte-Beuve, Th. Gautier, E. Quinet et tant
d'autres dont la prose, on le sent en maint endroit, avait « touché
la rose, c'est-à-dire la poésie. »

triomphante auprès du plus grand nombre; ne sera-t-elle pas, ou à peu près, le seul langage de demain?

Selon nous, le vers n'est pas aussi artificiel que le prétendent les partisans exclusifs de la prose; il a son origine dans la nature même de l'homme; il a par conséquent des chances de durée indéfinie. D'après les données de la physiologie, la langue rythmée du vers, qui a pour but d'exprimer avant tout des émotions, a elle-même l'émotion pour cause première. C'est un fait que, sous l'influence des sentiments puissants, nos gestes tendent à prendre une allure rythmée. La loi de la « diffusion nerveuse » fait d'abord que l'excitation née dans le cerveau se propage plus ou moins loin à travers les membres, comme l'agitation dans l'eau auparavant tranquille. De plus, la « loi du rythme, » qui, selon Tyndall et Spencer, régit tous les mouvements, change l'agitation en ondulation régulière. Dans la simple impatience ou dans l'inquiétude, notre jambe se remue et oscille; dans la souffrance physique, parfois dans la souffrance morale, le corps entier s'agite et, si l'émotion n'est pas trop violente, il tend à se balancer d'avant en arrière et à régulariser sa propre agitation. Enfin une joie très vive porte à sauter et à danser. Mêmes lois et mêmes phénomènes dans les organes de la voix. Nous touchons ici au fait essentiel : la parole, par suite de l'excitation nerveuse, acquiert une force et un rythme appréciables; un orateur, en s'échauffant, introduit par degrés dans son discours la mesure et le nombre qui manquaient au début: plus sa pensée devient puissante et riche, plus sa parole devient rythmée et musicale. De même, si l'on pouvait surprendre et noter le langage passionné d'un amant, on y découvrirait aussi une espèce de balancement, d'ondulations régulières, de stances lyriques grossièrement ébauchées. A. de Musset a eu sans doute raison de dire, à propos de la langue des vers, qu'elle a cela pour elle, que le monde « l'entend et ne la parle pas ; » tous pourtant, à certains moments de notre vie, nous l'avons parlée, le plus souvent sans le savoir ; notre voix a eu de ces inflexions mélodiques, notre langage a pris quelque chose de ce rythme cadencé qui nous charme chez le poète ; mais cette tension nerveuse a passé : nous sommes revenus à la langue moyenne et vulgaire, qui correspond à un état moyen de la sensibilité. Le vers nous fait remonter d'un ton dans la gamme des émotions. Fixer, perfectionner cette musique de l'émotion, tel a été au début et tel est encore l'art du poète. On pourrait définir le vers idéal · la forme que tend à prendre toute pensée émue.

Le vers (au moins dans son principe premier, le rythme) n'est donc pas une œuvre factice. L'homme n'est point devenu poète ni même versificateur par une fantaisie plus ou moins passagère de son esprit, mais par un effort de sa nature et selon une loi scientifique. Il importait de poser dès le début ces principes de toute science du vers, principes dont M. Spencer a donné l'esquisse dans ses *Essais*, et que M. Becq de Fouquières a eu le tort de négliger dans son *Traité de versification.* Non seulement la plénitude de l'harmonie est le signe naturel de la profondeur du sentiment, mais encore, en vertu d'une autre loi physiologique,

— la loi de la contagion sympathique, — elle tend à faire
passer ce sentiment au cœur de l'auditeur. Ainsi, parler en
vers, c'est déjà dire par la simple cadence de son langage :
Je souffre trop ou je suis trop heureux pour exprimer ce
que je sens dans la langue vulgaire. Le rythme du vers est
comme le battement du cœur devenu sensible à l'oreille et
réglant notre voix, si bien que les autres cœurs finissent
par battre à l'unisson.

De même que le vers exprime naturellement l'émotion
et la propage, il est aussi un moyen de concentrer sur elle,
sans aucune perte de force vive, l'intelligence de l'auditeur.
En effet, un langage où tout est rythmé et régulier économise l'attention, l'effort intellectuel. Nous n'irons pas jusqu'à dire avec M. Spencer que la prose, en sa complète
irrégularité, exige toujours du lecteur une dépense plus
grande d' « énergie mentale, » qu'elle tend à le distraire
davantage du développement des idées ou des émotions, et
que le rythme, au contraire, nous permet d'économiser
nos forces « en prévoyant la dose d'attention requise pour
saisir chaque syllabe[1]. » — Les beaux vers sont souvent
plus difficiles à comprendre que de la prose : cela tient
tantôt à la condensation, tantôt à l'élévation plus grande
de la pensée. Il faut reconnaître cependant que, par lui-
même, le langage rythmé pénètre plus vite et laisse plus
de trace dans le cerveau; à ce point de vue, c'est un instrument plus parfait, dans lequel on a supprimé des frotte-

1. Voir sur ce sujet M. Herbert Spencer (*Philosophie du style,
Essais*), dont M. Gurney critique avec raison certaines exagérations
de théorie (*The power of sound*, 441).

ments qui dépensaient de la force vive. Le vers, avec la régularité de ses sons, l'absence de tout heurt entre les mots, le glissement léger et continu des syllabes, est une aide pour l'intelligence comme pour la mémoire. On ne demande plus au mot que de laisser voir la pensée sans y projeter d'ombre, sans troubler le regard qui la fixe; il coule sur elle, comme un flot pur dont le mouvement n'empêche pas d'apercevoir le lit qu'il recouvre sans le voiler.

En même temps que le rythme épargne ainsi de l'effort pour l'intelligence, il produit un plaisir spécial pour la sensibilité. On sait l'importance capitale du rythme dans la musique : M. Gurney l'a montré récemment, le rythme forme l'ossature et comme le squelette de toute construction mélodique ; on a beau changer les notes d'un thème, si l'on conserve intact le rythme, l'impression musicale reste à peu près la même. Les musiciens le savent bien, et il est telle variation de Beethoven qui n'a pas une note commune avec le thème; mais l'identité de rythme suffit amplement à maintenir la parenté des deux mélodies. Le langage rythmé du vers constitue donc bien une musique, quoique la hauteur des sons n'y varie pas autant que dans la musique habituelle et ne puisse y être notée avec exactitude.

Le plaisir sensible que nous donne le rythme s'accompagne toujours d'un plaisir plus mathématique et intellectuel, celui du *nombre* : rythmer, c'est compter instinctivement. Leibnitz disait que l'oreille fait le calcul inconscient du nombre des vibrations musicales : *musica exercitium arithmeticæ;* tout au moins sentons-nous le nombre de temps qui constitue le rythme, et les rythmes qui se résol- vent dans des nombres pairs ont quelque chose de plus pondéré, de plus stable, de plus pleinement harmonieux pour l'oreille que ceux qui vont par nombre impair. Auss. le vers magistral et typique des grands peuples poétique doit être rythmé selon des nombres pairs ; tels ont été le vers sanscrit et l'hexamètre grec ou latin : tel est mainte- nant encore l'alexandrin français.

Après avoir posé ces lois générales du rythme et du nombre, qui s'appliquent à presque tous les systèmes mé- triques de l'humanité [1], nous devons en déduire les lois particulières qui régissent notre vers. On sait que, dans les langues antiques, il existait entre les syllabes brèves et les syllabes longues une différence de durée assez régulière pour que la longue fût considérée comme valant toujours deux brèves : c'est sur cette différence de durée parfaite- ment calculable que fut fondé le vers antique. Ce système, malgré les chefs-d'œuvre qu'il a produits, offrait des dé- fauts très graves qui l'ont peu à peu compromis. Ces dé- fauts, qui n'ont pas toujours été compris des amis de l'an- tiquité, tenaient à la nature même des langues anciennes. Elles étaient beaucoup plus rythmées que les nôtres, beau- coup plus chantantes ; or, selon les lois physiologiques, il est peu naturel, dans le langage courant, de rythmer ses syl- labes et de chanter lorsqu'on n'est pas ému. On ne se

1. Il faut excepter le vers chinois ; mais la poésie des Chinois ne peut pas faire plus autorité que leur musique.

figure guère M. Jourdain disant, selon le rythme et la mesure : « Nicole, apportez-moi mon bonnet de nuit. » Il y
avait, dans le nombre et la cadence constante des langues
antiques, un peu de cette exagération méridionale qui
s'épanchait également en gestes, et qui, maintenant encore, fait qu'un Italien lève les bras au ciel en disant : « Il
pleut aujourd'hui, » ou les rapproche sur son cœur en
disant : « Merci, madame. » Le rythme, comme le geste,
est, nous l'avons vu, une conséquence de l'émotion ; il ne
doit pas lui survivre, sans quoi il prend un caractère
affecté. Les vraies syllabes brèves, dans une langue,
doivent être celles qui n'ont pas grande importance au
point de vue de la pensée ; les syllabes longues doivent
être celles sur lesquelles on veut insister en lisant ou
en parlant ; mais il est un peu artificiel et conventionnel
de fixer d'avance et pour toujours à chaque syllabe,
indépendamment du sens, une longueur déterminée et
mathématique. Ce caractère conventionnel de la quantité
prosodique fit qu'elle ne tarda pas à se perdre chez le
peuple [1].

Pourtant la métrique ancienne obéissait aux mêmes lois
générales que la nôtre ; bien plus, l'hexamètre était régi

1. Une cause précipita sa disparition : l'*accent tonique* des langues
anciennes tombait tantôt sur les longues tantôt sur les brèves ;
de là encore quelque chose d'anormal, malgré les inimitables
effets de rythme qui en étaient la conséquence dans les vers antiques. En effet, l'accent tonique est caractérisé par une plus
grande *intensité* et même *acuité* de son ; or un son plus intense,
plus aigu, plus accentué, demande plus d'effort ; cet effort a peine
à s'éteindre brusquement, et il s'en suit une légère prolongation
de toute syllabe sur laquelle porte l'accent tonique. Par compen-

par le même nombre que notre alexandrin (la somme de
ses syllabes valait 12 longues). Ces vers puissants et touf-
fus ressemblent aux fleurs dont les espèces ont maintenant
disparu, et qui pourtant se sont nourries autrefois des
mêmes rayons solaires et de la même terre que celles d'aujourd'hui ; on les retrouve en fouillant le sol ; la masse de
leurs tiges noircies nous rend un peu de la chaleur qu'elles
ont gardé depuis des siècles, mais rien de cette grâce, de
cette lumineuse fraîcheur qui rayonnait jadis sur leurs
feuilles et leurs corolles.

Si le vers antique, fondé sur la pure quantité, a disparu,
c'est qu'il y avait, nous le répétons, un défaut essentiel
dans sa constitution même : rien de tel dans le vers moderne ; ce dernier est d'une architecture un peu grossière
au premier abord, mais solide et résistante. L'alexandrin,
type du vers français, repose sur cette loi que, si l'on fait
entendre douze syllabes, les unes brèves, les autres longues, une sorte de moyenne s'établit entre leur quantité
devenue incertaine aujourd'hui ; elles se compensent l'une
l'autre, elles se corrigent ; après avoir défilé devant l'oreille
de leur pas sonore, les unes en courant, les autres avec
une démarche plus grave, elles laissent l'impression de

sation, les syllabes sur lesquelles il ne porte pas tendent à se
raccourcir. L'accent tonique était donc, dans les langues grecque
et latine, en lutte perpétuelle avec la quantité. Le vers antique
marque un équilibre essentiellement instable entre ces deux
forces qui tiraient à elles le langage ; avant la fin de l'empire ro-
main, on ne comprenait déjà plus le vers latin ou grec ; aujour-
d'hui, aucun de nous n'est capable de se représenter l'effet qu'il
produisait exactement sur l'oreille : les hexamètres allemands ou
russes n'en sont que des imitations assez grossières.

douze individualités distinctes, sur lesquelles on peut compter également pour composer le bataillon sacré du vers. Cette assimilation des syllabes les unes aux autres ressemble un peu à ce qu'on appelle en musique le *tempérament*, avec cette différence que c'est la durée et non la hauteur des sons qui est ainsi tempérée. Le vers français offre par là, en théorie, plus d'une analogie avec le piano, cet instrument imparfaitement juste et qui eût peut-être choqué l'oreille antique, mais dont la sonorité laisse bien loin la flûte double et la lyre à sept ou dix-huit cordes.

Maintenant pourquoi le nombre douze, qui régit l'alexandrin, est-il celui qui semble satisfaire le plus complètement notre oreille ? Nous croyons que sa supériorité, admise sans raisonnement par les poètes, peut se démontrer d'après les deux lois suivantes :

1° Toute succession de syllabes, surtout lorsqu'elle excède le nombre huit, ne peut être dénombrée facilement par l'oreille si elle n'est pas divisée au moins en deux parties, de manière à former une phrase musicale d'au moins deux mesures. Cette division se fera, comme elle se fait toujours en musique, à l'aide d'un temps fort que marquera la voix. Pour que la voix puisse marquer ce temps fort, il faut qu'il tombe sur une syllabe déjà sonore et portant un accent tonique. Le temps fort, multipliant ainsi l'accent tonique, constituera la *césure*.

2° Cette césure doit couper le vers soit en deux membres *égaux*, ce qui est l'idéal, soit en deux parties inégales dont les nombres offrent des rapports simples et soient divisibles par le même chiffre.

Ces principes posés, quelques vers seulement offraient
à l'oreille humaine des conditions suffisantes d'harmonie
pour que leur emploi se généralisât : celui de huit pieds,
qui, par malheur, est manifestement trop court; celui de
dix pieds (c'est l'ancien vers français et le vers héroïque
des Italiens, harmonieux, mais sans assez de puissance [1]);
restent enfin l'alexandrin et le vers de quatorze ou seize
syllabes. L'hésitation est impossible entre ces diverses
formes du vers [2]. Le chiffre 12, seul divisible à la fois
par deux, par trois, par quatre et par six, n'a rien de
compact et de massif; les rapports des divers membres
entre lesquels on peut le diviser sont particulièrement
faciles à saisir; il offre prise de toutes parts à l'analyse.
Enfin, pour emprunter ce qu'il y a de vrai, au point de
vue physiologique, dans une remarque importante de
M. Becq de Fouquières, l'alexandrin correspond à peu
près au temps moyen de l'expiration; or dans les vers

1. Pourquoi le vers de dix pieds, qui a cessé depuis si longtemps
de nous suffire, est-il resté le vers héroïque d'autres peuples ? Sans
doute parce que, dans les autres langues, les accents toniques sont
plus sonores et plus irréguliers qu'en français; ces accents toniques introduisent une assez grande variété dans le vers de dix
pieds, qui a pu se conserver ainsi, malgré sa simplicité de rythme
et sa brièveté. Cette brièveté même se trouve diminuée par l'habitude qu'ont les autres peuples de *chanter* leurs vers; le chant pro-
longe habituellement les syllabes plus que la simple parole. — Enfin,
pour enlever au rythme sa monotonie, les autres peuples mêlent au
hasard deux coupes possibles du vers de dix syllabes (4-6, 6-4), et
souvent, comme en anglais, la troisième coupe (5-5); leur vers de
dix pieds est ainsi plus varié que le nôtre; il lui est supérieur, mais
il nous paraît d'une sonorité moins ample et tout ensemble moins
finement nuancée que l'alexandrin des V. Hugo et des A. de Musset.

2. Voir plus loin, ch. III.

plus longs il n'existait pas de beauté assez grande, pour justifier l'effort que demande toute phrase musicale dépassant ce temps normal.

Dès maintenant nous pouvons nous rendre compte de la constitution de notre vers français. Avec ses douze notes supposées égales en durée et qui se subdivisent en groupes de six, il forme une phrase de deux mesures à deux temps, ordinairement à $\frac{6}{8}$, parfois à $\frac{2}{4}$, souvent mixtes. Dans cette phrase la sixième note (hémistiche) tombe sur le temps fort de la première mesure, et la douzième sur le temps fort de la seconde. En notant ainsi deux vers à la suite l'un de l'autre, on obtient une phrase musicale parfaitement correcte et *carrée*[1]. Il y manque encore la variété de rythme; mais nous allons l'y introduire par degrés.

Remarquons d'abord que la syllabe de l'hémistiche et celle de la fin du vers, tombant sur un temps fort, tendent à gagner non seulement en intensité, mais en durée; elles se prolongent et empiètent un peu sur les autres syllabes, dont les plus brèves deviennent des doubles croches. Dans ce vers de Racine par exemple :

> Si je la haïssais, je ne la fuirais pas,

la voix, après avoir insisté sur le mot *haïssais*, tend à se précipiter sur le reste du vers et principalement sur les

---

1. Voici comme exemple deux vers de Racine du rythme le plus simple et le plus typique :

syllabes peu importantes : *je ne la...* Ainsi la césure allonge le sixième pied et en raccourcit d'autres par compensation. On a dit qu'elle marquait un repos, une suspension de la voix ; ce n'est pas très exact, car, si la voix insiste à cet endroit, elle peut fort bien ne pas se suspendre, et le doit même dans la plupart des cas. — A la première variété de rythme que nous venons de constater s'en joignent bientôt beaucoup d'autres. En effet, outre le temps fort marqué par l'hémistiche, les accents toniques qui peuvent se rencontrer dans les autres syllabes du vers leur donnent aussi plus d'intensité et plus de durée. Dans ce vers de Molière :

La pâle est aux jasmins en blancheur comparable,

la diction ne fait guère ressortir que *pâle, jasmins, blancheur, comparable,* et encore dans ces mots insiste-t-elle davantage sur les accents toniques *â, in, eu, abl;* elle se plaît à faire entendre les accords vocaux que représente chacune de ces voyelles ou de ces diphtongues ; les autres syllabes du vers rentrent dans l'ombre : elles pourraient s'exprimer en doubles croches ou du moins en croches rapides et assourdies. Alors la phrase musicale de l'alexandrin, si monotone au premier abord, se varie et se nuance de toutes manières. Aucun vers bien fait ne doit ressembler de tous points à celui qui le suit ou le précède ; chacun a son individualité, chacun garde son rythme propre, parfois assez compliqué : on y rencontre entre les syllabes des différences délicates de durée et d'intensité qui parfois

échappent aussi bien à la notation musicale que les différences de hauteur et de timbre [1].

Ainsi rentre par degrés dans le vers moderne la considération de la *quantité*, qui en avait d'abord été écartée ;
mais la quantité, telle que nous la concevons aujourd'hui,
est variable, subordonnée à l'importance du mot et au sens
de la phrase : il n'y a plus dans le vers de mot insignifiant
auquel la diction assigne une durée et une intensité fixes ;
seuls les mots placés à la césure et à la fin du vers se trouvent soulignés, et il est justement de règle qu'ils doivent
toujours avoir de l'importance. Le rythme de l'alexandrin,
bien compris et bien traité, n'est donc rien moins que
monotone ; il a quelques-unes des qualités du vers antique
sans en avoir les défauts. En général, les alexandrins très
harmonieux se suffisent à eux-mêmes ; isolés, il gardent
encore leur harmonie, comme le faisaient les vers antiques ; ils portent une marque : bien avant la rime, quelque chose les a consacrés vers. Ce qui leur donne ce

1. Rien ne nous semble plus étrange que la notation musicale
adoptée par M. Becq de Fouquières, qui représente l'alexandrin
classique par vingt-quatre croches ; il se voit ainsi forcé d'introduire dans ce vers des temps de repos considérables que rien ne
justifie, et qu'il supprime ensuite sans plus de raison dans sa
notation du « vers romantique. » Toutes les notations possibles
de l'alexandrin doivent, pour se justifier, pouvoir rentrer au besoin en deux mesures à deux temps, variées par des points
d'orgue, des doubles croches, des soupirs, des virgules, des contre-
temps, des nuances très souvent inexprimables en signes. — Ces
notations plus ou moins complexes, que nous nous contentons
d'indiquer ici, font ressortir les variétés de rythme ; néanmoins
elles peuvent toutes rentrer dans la notation en deux mesures à
deux temps, avec de fréquents mélanges des rythmes binaires et
ternaires.

caractère musical, c'est : 1° le temps fort de la *césure*, qui coupe les douze temps du vers en deux parties égales ; 2° le temps fort de la fin du vers, qu'on pourrait appeler la césure finale ; 3° les *accents toniques*, qui subdivisent encore d'une façon plus ou moins irrégulière les deux membres de phrase ainsi obtenus, varient le rythme, brisent la raideur primitive de l'alexandrin [1].

Dès qu'il possède ses douze temps divisés par deux temps forts, le vers moderne est organisé. Il reste à le grouper avec d'autres. Nous avons étudié isolément cet organisme délicat ; il nous reste pour ainsi dire à l'étudier en société avec d'autres organismes semblables. C'est ainsi que va intervenir un nouvel élément, la rime.

1. Sans doute le vers blanc ne peut se suffire à lui-même ; néanmoins, comme nous l'avons montré ailleurs (Préface aux *Vers d'un philosophe*), c'est encore un vers, et qui ne manque pas d'harmonie. Glissez-le au milieu d'une page de prose, on l'y découvrira vite, comme les deux vers trouvés par Musset dans un article de Sainte-Beuve. Au contraire des mots juxtaposés sans césure et sans rythme régulier, comme certains vers qu'on propose de nos jours et que nous analyserons plus loin, sont de la prose, malgré le retour périodique d'une rime suffisante et même riche. Voici une suite de vers blancs dont chacun est tiré d'Alfred de Musset :

> Je voudrais m'en tenir à l'antique sagesse,
> Qui, du sobre Épicure, a fait un demi dieu.
> Je ne puis : malgré moi l'infini me tourmente ;
> Je n'y saurais songer sans crainte et sans espoir.
> Une immense espérance a traversé la terre ;
> Malgré nous, vers le ciel, il faut lever les yeux.

L'harmonie de ces vers subsiste encore, quoique assurément très affaiblie. Maintenant, imaginons des vers rimés, sans césure régu-

La rime est, au premier abord, ce qui semble le plus artificiel dans le vers moderne. Autant le rythme est l'expression naturelle de l'émotion, autant il semble étrange au premier moment de rimer sa joie ou ses douleurs. Aussi, pour comprendre la rime, faut-il y voir tout autre chose que la simple répétition du même son; elle est un moyen de marquer la mesure, elle est la *mesure devenue sensible* et vibrante à l'oreille. Si on la considère sous ce nouveau point de vue, on verra qu'elle se déduit très bien des lois physiologiques et psychologiques qui règlent la formation du vers : *rime* vient de rythme, et Joachim du Bellay écrivait encore au seizième siècle *la rythme*. Lorsque plusieurs vers se suivaient, il fallait trouver un moyen de les distinguer nettement les uns des autres, et pour cela de marquer avec insistance le temps fort de la douzième syllabe; la rime était ce moyen. Elle ne fut d'abord qu'une simple assonance, puis alla se perfectionnant avec le sentiment même de la mesure. C'est elle qui, aujourd'hui, donne son unité au vers et permet de le faire entrer, sans le détruire, dans l'organisme plus compliqué

lière, et d'une coupe plus ou moins analogue à ceux qu'on essaye aujourd'hui d'introduire :

> Tant que mon cœur faible, encore plein de jeunesse,
> N'aura pas à ses illusions dit adieu,
> Je ne pourrai m'en tenir à cette sagesse
> Qui, du sobre Épicure, fit un demi-dieu.

Toute musique et tout nombre ont disparu. La rime, au lieu de charmer l'oreille, la choque plutôt, comme il arrive dans la prose.

des périodes poétiques et des strophes : elle est son modé-
rateur et son régulateur[1]. On pourrait la comparer a un
balancier qui se lève et s'abaisse à temps égaux, et qui à
chaque coup frappe le vers comme une médaille, en lui
imprimant sa forme définitive. Sans la rime, cette durée
incertaine des syllabes qui caractérise les langues modernes
— et qui, nous le répétons, n'est pas en elle-même un
défaut — rendrait incertaine et flottante la durée même du
vers. S'il y a dans les vers blancs une harmonie incontestable, elle est encore trop vague : ils produisent sur
l'oreille une impression très analogue à celle que nous fait
éprouver une série de phrases musicales « carrées » et bien
rythmées en elles-mêmes, mais jouées toutes *tempo rubato*
par un musicien inexpérimenté ; l'oreille cherche les articulations des phrases sans pouvoir les découvrir, et, toujours déçue, elle pressent un chant mélodique qu'elle ne
peut saisir. Par la rime s'introduit l'ordre et pour ainsi
dire la lumière en cette harmonie encore obscure ; on entrevoit alors, dans la période poétique qui se développe, une
correspondance et une dépendance mutuelle de parties ;
une sorte de force attractive rapproche les vers les uns des
autres et les fait désormais graviter ensemble dans la
même orbite, avec une régularité de mouvements et
un concert qui n'est pas sans rappeler par une lointaine
analogie ce que les philosophes anciens nommaient la
musique des sphères.

Au plaisir de nous faire sentir le rythme, la rime en

1. C'est ce qu'a très bien montré M. de Fouquières, p. 19
suiv.

ajoute un autre secondaire, que M. de Fouquières a tort de
vouloir nier[1], celui de nous faire entendre deux fois la même
consonance, c'est-à-dire le même timbre, le même accord
harmonique. On sait que dans le langage chaque voyelle a
un *timbre* particulier, et que le timbre n'est autre chose
qu'un accord entre la note fondamentale et les sons élémentaires appelés *harmoniques*[2]. Tout langage est donc
une suite d'accords; mais dans la prose ils se succèdent
irrégulièrement, dans le vers ils reviennent en nombre
égal et à temps égaux : le vers, même considéré indépendamment de la rime, est déjà, en toute vérité et sans aucune
métaphore, une organisation élémentaire de la musique ren-
fermée dans le langage. En l'entendant, l'oreille éprouvera
la satisfaction qu'elle éprouve en présence de toute
musique : après chaque accord, elle attendra le suivant,
sans crainte de surprise, sans que les vibrations harmonieuses qui s'éteignent en elle soient contrariées par celles
qui renaissent à l'instant. La suite rythmée des voyelles,
dont chacune est un accord sourd, forme une symphonie
voilée, quelque chose comme la voix d'un orchestre entendue
sur une plage de très loin, sans qu'on puisse nommer

---

1. Voy. *Traité de versification française* (Charpentier).

2. Sans entrer dans les expériences de Helmholtz, on peut démontrer d'une façon très simple que la variation des voyelles est
due aux variations de timbre. On fait rendre à une guimbarde le
son propre de chaque voyelle, tout en restant muet soi-même et
en se bornant à remuer la bouche devant la languette vibrante
de la guimbarde, comme pour prononcer un *a*, un *e*, etc. Les
diverses positions de la bouche suffisent a modifier le timbre de la
note produite, en amenant avec ces différences d'intensité les
séries de sons harmoniques dont elle se compose.

aucune des notes apportées par le vent. La rime complète
l'harmonie par des accords de cadence sur lesquels on
se repose ; elle est une sorte d'écho nous renvoyant non
pas un simple bruit, mais un même son musical, et
nous le renvoyant en mesure ; cet écho régulier, par
lui-même, ne manque pas de charme. De plus, puisque
les voyelles ont chacune leur timbre, les voyelles de la
rime auront quelque chose du timbre varié des instruments ; les unes, comme les *a*, tiennent un peu de la
contre-basse ; les autres, comme les *i*, ont l'acuité de la
clarinette ou de la flûte ; chaque vers peut se reconnaître
alors au timbre de sa dernière syllabe ; les uns sont pour
ainsi dire accompagnés avec un instrument, les autres
avec un autre, et nous éprouvons, en retrouvant dans la
strophe ces différents timbres, un plaisir semblable à celui
du musicien distinguant dans l'orchestre les divers instruments qui tour à tour se renvoient une phrase mélodique.
Ce plaisir, que nous donne l'écho et la reconnaissance du
timbre, a sa part dans la jouissance causée par la rime ;
cependant il serait peu de chose à lui seul : la preuve, c'est
que nous ne le recherchons jamais dans la prose, nous
l'évitons même, et les anciens l'évitaient aussi. Le rôle
essentiel de la rime est donc de fixer le rythme par son choc
régulier ; c'est le métronome du vers. Telle est sa justification scientifique, et c'est par là qu'elle se rattache indirectement au principe premier de tout langage rythmé :
l'émotion.

CHAPITRE II

LES THÉORIES ROMANTIQUES DU VERS
LE RÔLE DE LA CÉSURE.

Dans cette espèce de « morphologie » du vers que nous venons d'esquisser à grands traits, nous avons négligé tous les cas de développement mal équilibré et d'apparente monstruosité qui pouvaient se présenter. Nous devons les examiner à présent, montrer comment ils rentrent dans la règle, comment on peut les expliquer et jusqu'à quel point on doit les approuver. Ces monstruosités, aujourd'hui assez prisées, sont de trois sortes : 1° la suppression méthodique du temps fort à l'hémistiche ; 2° l'enjambement méthodique ; 3° par compensation, la rime recherchée et uniformément riche.

Le romantisme a tenté de renouveler l'alexandrin classique, et ses théories sont aujourd'hui acceptées de presque tous les poètes contemporains (nous exceptons M. Sully Prudhomme). Autant en effet le romantisme a perdu de nos jours son influence sur les prosateurs, autant il a gardé sur les poètes une domination presque exclusive. La petite école dite *parnassienne* n'est elle-même qu'un

humble rameau du grand tronc romantique ; elle se rattache
à Th. Gautier, l'admirateur et pour ainsi l'adorateur de
V. Hugo, du *poeta soverano*, comme Dante disait d'Homère.
Selon M. de Banville, qui a systématisé bien plus exactement qu'on ne pourrait le croire les principes esthétiques
du romantisme, la *Légende des siècles* doit être « la Bible
et l'Évangile de tout versificateur français. »

C'est que la *Légende des siècles* n'est pas seulement un
chef-d'œuvre de poésie, elle renfermerait, selon M. de Banville, un nouveau type de vers, inconnu au dix-septième et
au dix-huitième siècle, un vers construit d'après des
principes tout autres, le vrai, le seul vers français.
M. E. Legouvé[1], qui a pour lui son expérience de lecteur
consommé, croit aussi à l'existence de deux types de vers
distincts, qu'il tâche, il est vrai, d'unir dans la même
admiration : ce sont « deux puissants dieux, » dit-il en
empruntant un vers d'*Athalie*, et il faut les servir tour à
tour ; par malheur, il a toujours été difficile de maintenir
le bon accord entre les dieux comme entre les rois.
M. de Fouquières, par l'analyse scientifique, croit pouvoir
en venir, lui aussi, à affirmer qu'il existe un *vers romantique*, construit sans césure à l'hémistiche, plus rapide et
tenant en moins de mesures que l'alexandrin classique.
Ainsi, s'il faut en croire tous les poètes contemporains et la
plupart de ceux qui, de nos jours, se sont occupés de
métrique, V. Hugo ne s'est pas contenté de *varier* à l'infini

1. M. E. Legouvé, *L'art poétique d'autrefois et l'art poétique d'aujourd'hui* (dans le *Temps*).

le vieil alexandrin, il en a proprement *créé* un nouveau, il
aurait créé une métrique nouvelle.

Notre oreille, en changeant, a changé la musique.

Nous allons rechercher quels sont, d'après V. Hugo lui-
même et ses disciples, les principes de cette métrique
originale, et jusqu'à quel point ils peuvent se soutenir. Les
romantiques ne se trompent-ils pas eux-mêmes quand ils
essayent de formuler les règles de leur art, et existe-t-il un
seul beau vers de V. Hugo qui échappe aux lois du vers
précédemment posées?

V. Hugo aime à le répéter, il a supprimé la césure et fait
basculer la « balance hémistiche. » En même temps il a
introduit l'enjambement et l'a fait « patauger » au beau
milieu du vers, « comme le sanglier dans l'herbe et dans
la sauge. » Quant à ses rimes, elles sont d'une sonorité
inaccoutumée qui compense la liberté du rythme : le vieux
Pinde frémit en les entendant « rugir » comme des « bêtes
fauves. » La rime, écrivait-il jadis dans la préface de
Cromwell, est le générateur même de notre mètre, et il
ajoutait que le poète doit être toujours fidèle à la rime,
cette « esclave reine. » Grâce à elle et par la suppression
de la césure classique, le vers est affranchi. Autrefois,
dit-il encore dans les *Contemplations,* le vers était un
volant sur le front duquel on voyait piquées « douze
plumes en rond, » et qui sans cesse sautait sur la raquette
de la prosodie; aujourd'hui, le volant se change en un
oiseau battant de l'aile, il s'échappe de la « cage césure »
et s'enfuit au fond des cieux, « alouette divine. »

Ces idées sur la métrique, chères à V. Hugo, ont été successivement reproduites par tous ses disciples. Dans ses jours d'enthousiasme romantique, Sainte-Beuve s'écriait : « rime, unique harmonie du vers! » Pour Th. Gautier, la poésie « est un art qui s'apprend; » le fond de cet art est la rime riche, et il avait coutume de dire aux jeunes poètes qui venaient le consulter : « Commencez par vous faire un dictionnaire de rimes. » Selon M. de Banville, qu'approuve presque entièrement M. Legouvé, le « secret » de l'art des vers est le suivant : « on n'entend dans un vers que le mot qui est à la rime. » Cette formule résume très bien la théorie romantique. M. de Banville en déduit naturellement la suppression de toutes les « lois mécaniques et immobiles » du rythme : le vers n'a d'autre loi que le « frein d'or de la rime. » V. Hugo lui même a donc fait une révolution incomplète en maintenant encore un reste de césure effacée après la sixième syllabe du vers alexandrin; en réalité, la césure peut être placée *après n'importe quelle* syllabe du vers, ce qui revient à dire qu'il n'y en a plus. « Osons proclamer la liberté complète, s'écrie M. de Banville, et dire qu'en ces questions l'oreille seule décide. » Il ajoute, il est vrai, cette objection : « Mais si je n'ai pas d'oreille? » Il n'y répond guère.

La rime remplaçant la mesure et constituant à elle seule le rythme, le vers sera toujours d'autant meilleur qu'elle sera plus « opulente. » D'abord la consonance des dernières syllabes du vers doit être parfaite : *loups*, *aloux; devise, divise*, etc. « Le poète consentirait plutôt à perdre en route un de ses bras ou une de ses jambes qu'à marcher sans la consonne d'appui. » Mais il y a une chose meilleure que la consonance d'une syllabe : c'est la consonance parfaite de deux ou plusieurs syllabes et surtout de deux mots entiers ; de quel nom appelle-t-on cette identité de son, accompagnant la différence de sens ? C'est le *calembour*. Le romantisme devait arriver par la logique des choses à se proposer comme idéal « le vers calembour, » et telle est en effet l'idée de M. de Banville. Qu'est-ce après tout que la rime, si on la considère scientifiquement, à part du rythme qu'elle marque et qui lui communique toute sa grâce? Un calembour incomplet, avorté ; donc plus le calembour est complet, meilleure sera la rime, et aussi le vers, puisque la rime fait le vers. On ne peut contester la valeur de ce raisonnement; on sait d'ailleurs la grande quantité de vers calembours que renferme déjà V. Hugo : *souffre* rimant avec *soufre*, *Racine* avec *racine*, *Corneille* avec *corneille*, *j'ai faim* avec *génovéfain*, etc. Ajoutons que l'impression produite par le rapprochement de mots disparates, rapprochement perpétuel dans les romantiques et qui constitue à leurs yeux le « pittoresque de la rime, » a toujours beaucoup d'analogie avec la surprise excitée par le calembour. Il en est ainsi même quand ces mots n'ont pas un son tout à fait identique; je citerai les rimes : *Marengo, lombago; gouine, baragouine; affranchîmes, cacochymes; prodige, callypige; tonnez, tu n'es qu'un nez; boyaux, royaux; urètre, prêtre*, etc. Tous ces effets sont pour ainsi dire des ébauches de calembours. Selon M. de Banville, le calembour, qui n'est jamais déplacé dans la poésie sérieuse, est l'avenir même de la comédie. Sans aller aussi loin, tout romantique conséquent reconnaîtra que l'alexandrin, une fois réduit à la rime « opulente et pittoresque, » a pour type et pour tendance le vers calembour : le jeu de sons, accompagné d'un certain décousu lyrique ou comique dans les idées, tend à s'identifier au jeu de mots.

Le calembour complet ou ébauché étant le but, comment le poète romantique l'atteindra-t-il ? La langue du romantisme veut être la langue de tout le monde ; mais on sait combien, dans le langage usuel, le nombre des rimes riches est limité. V. Hugo, Th. Gautier, M. Leconte de Lisle, y ont suppléé par un emploi extraordinaire de noms propres (noms d'hommes, de villes, de pays, etc.), et de mots techniques. Les mots techniques, telle doit être encore aujourd'hui, selon M. de Banville, la grande ressource du poète : tant pis s'il ne les comprend pas d'abord lui-même ; avant tout il doit rimer. « Je vous ordonne de lire le plus qu'il vous sera possible des dictionnaires, des encyclopédies, des ouvrages techniques traitant de tous les métiers et de toutes les sciences spéciales, des catalogues de librairie et des catalogues de ventes, des livrets de musées, enfin tous les livres qui pourront augmenter le répertoire des mots que vous savez et vous renseigner sur leur acception exacte... Une fois votre tête ainsi meublée, vous serez bien armé pour trouver la rime. » Oui, mais la raison ?... Pour M. de Banville, la raison du poète, c'est la rime ; le poète ne pense pas, à vrai dire, il entend des rimes ; aussi, quand il applique son esprit à un sujet donné, doit-il commencer par trouver d'abord « toutes ses rimes. » Peut-être par

analogie M. de Banville conseillerait-il à un peintre qui
commence un tableau de fixer d'abord sur sa toile un nez,
une jambe, des favoris avant d'esquisser le visage, des
lambeaux de toile bien drapés avant de dessiner le bras
qui doit les retenir ou le genou qui doit les supporter. —
Les rimes trouvées, comment le poète les ajustera-t-il? Le
problème du vers ainsi posé, et c'est ainsi que le pose
toute l'école moderne issue du romantisme, il n'y a rationnellement qu'une réponse possible, c'est celle que M. de
Banville va faire avec une merveilleuse franchise. Le
poète, dit-il, ajustera ses vers « en bouchant les trous avec
sa main d'artiste, » et, pour boucher les trous, il a toujours
la « cheville, » ce secours des dieux. Pas de vers sans
chevilles; car, si la rime est l'essentiel, tout l'art du poète
ne consiste plus qu'à lier deux rimes ensemble : or, ici, la
pensée seule est impuissante, il faut ce qu'Alfred de
de Musset appelait la menuiserie. Tout cela est très bien
déduit des principes mêmes du romantisme. « Ceux qui
nous conseillent d'éviter les chevilles, dit M. de Banville,
me feraient plaisir d'attacher deux planches l'une à l'autre
au moyen de la pensée. » La seule différence entre les
mauvais poètes et les bons, c'est que les chevilles des
premiers sont placées « bêtement, » tandis que celles des
bons poètes sont « des miracles d'invention et d'ingéniosité. »
En résumé, selon M. de Banville, le poète n'a pas d'idées
dans le cerveau, il a simplement des sonorités, des rimes,
des calembours; ces calembours le hantent et lui fournissent des idées ou un semblant d'idées; puis, toutes les
fois qu'une solution de continuité se présente entre les

idées ainsi obtenues, le poète « bouche les trous » avec la
sérénité de conscience d'un bon ouvrier à la journée.

Il est impossible de tracer plus fidèlement l'idéal que
devait finir par se proposer la poésie « parnassienne » ou
« romantique, » en s'inspirant non pas des vers mêmes de
V. Hugo, mais de ses théories. Ajoutons que, si toute la
poésie se réduit à la rime, elle doit pouvoir « s'apprendre, »
comme disait Th. Gautier[1]. M. de Banville sur ce point
se montre moins logique que ce maître : selon lui, l'art de
trouver la rime est un don surnaturel, divin (les athées,
par parenthèse, en seraient exclus). C'est par ce côté que
M. de Banville va relever son poète idéal et le grandir à nos
yeux : la rime est le trépied d'Apollon. La rime, dit-il, se
révèle par une sorte de coup de théâtre « surnaturel et
inexplicable. » « Si vous êtes poète, le mot type se présen-
tera à vous tout armé, c'est-à-dire accompagné de sa rime.
Vous n'avez pas plus à vous occuper de le trouver que
Zeus n'eut à s'occuper de coiffer le front de sa fille Athéné
du casque horrible et de lui attacher les courroies de sa
cuirasse, au moment où elle s'élança de son front, formidable et sereine comme l'éclair qui déchire la nuée. »
Voilà de la mythologie et non de la science. Pourquoi donc
M. de Banville, d'accord avec Th. Gautier, conseillait-il
tout à l'heure à son apprenti poète de lire force catalogues
de ventes, de musées, etc., et d'avoir une bonne mémoire?
Les dictionnaires et les catalogues de ventes ne seraient-ils
pas encore plus féconds que la tête de Jupiter, et n'est-ce

---

1. Voir aussi Wilhem Tenint, *Prosodie de l'école moderne*, p. 89.

pas de leurs feuillets jaunis que la rime a chance de sortir
« horrible et formidable [1] ? »

En somme la théorie romantique et parnassienne du vers,
sauf ce grain de mysticisme qu'y ajoute M. de Banville, est
très logique, très consciente d'elle-même et très raisonnée
dans ses conséquences les plus paradoxales. Ses deux affirmations essentielles sur l'absence de césure et sur la
richesse continue de la rime méritent donc examen.

Et d'abord existe-t-il vraiment, comme on le répète
chaque jour, un vers tout nouveau, le vers romantique,
caractérisé par l'absence réelle de césure à l'hémistiche ?
Voici quelques lignes tirées des poésies de MM. Leconte de
Lisle et Coppée ; ces lignes nous paraissent bien répondre
au type nouveau de vers admis aujourd'hui :

> Et les taureaux, et les dromadaires aussi... (*L. de Lisle*).
> Et triomphant dans sa hideuse déraison...
> Comme des merles dans l'épaisseur des buissons...
>
> L'habilleuse avec des épingles dans la bouche... (*Coppée.*)
> Des grisettes qui lui trouvaient l'air distingué...
> Et la fièvre lorsque tout à coup je remarque...

1. Les exemples deviennent plus curieux encore si, au lieu de les
emprunter à des maîtres, on les recueille chez les jeunes poètes
contemporains. M. Aicard par exemple, qui a tenté de faire la
théorie de son art et défendu dans une préface la suppression de la
césure classique, écrit des vers comme ceux-ci :

> Et j'aspire ton souvenir avec paresse...
> Travaille au bas sans y mettre d'attention...

M. Richepin :

> Vous conseille d'appareiller pour les étoiles.

M. Guy de Maupassant :

> Des brises tièdes qui font défaillir le cœur.

Évidemment ce ne sont plus là des vers du type ordinaire;
mais peut-on dire que ce soient encore des vers? Aucune
de ces lignes offre-t-elle rien de musical, le moindre rythme
saisissable à l'oreille? Ne suffirait-il pas d'ouvrir un livre
de prose pour y trouver un certain nombre de bouts de
phrases analogues, offrant par hasard douze syllabes? La
rime ne peut pas plus les transformer en vers que l'artifice
typographique par lequel on les imprime à la ligne, avec
des majuscules au premier mot; des vers blancs seraient

Enfin un poète d'origine péruvienne, M. Vergalo, admiré sans
réserve par MM. de Banville et Soulary, approuvé dans une certaine
mesure par M. Sully Prudhomme et appelé (il n'en doute pas lui-
même) à régénérer la poésie et la poétique françaises, écrit ces vers,
qui doivent être dits d'une seule haleine, sans aucune césure, parce
qu'ils sont «faits d'un seul coup de pinceau, pleins et immenses»:

> Peuvent audacieusement jouer leur-rôle...
> Ou de tout autre moyen de mettre une fin...
> Tout le monde se trouvait à bâbord, la tête ..
> Chaque homme peut user de son franc arbitre et,
> Sans pression, aller ou non vers lui d'un trait...

« Ce sont là des vers très harmonieux, nous dit leur auteur avec
conviction, pleins d'images et pas ennuyeux; évidemment c'est un
coup d'art. Voilà le doigté créé par nous, voilà la facture de l'école
vergalienne! » Malheur à ceux qui ne comprennent pas les «nouvelles voluptés de l'oreille, » et qui refusent de suivre M. Vergalo
dans la voie où il veut, d'accord avec M. de Banville, entraîner la
poésie française! «Je suis un poète *innovateur*, écrit-il dans sa
Poétique nouvelle (Lemerre, 2ᵉ édition)... Je sais où marche l'humanité... Je fais une poétique nouvelle, une prosodie nouvelle,
c'est-à-dire un coup d'art, une révolution... Notre école, l'école
vergalienne, est celle du progrès et du sens commun... La poésie
contemporaine ou celle du vingtième siècle sera vergalienne, ou
elle mourra. » Nous ne savons si la poésie contemporaine tend à
« devenir vergalienne, » mais à coup sûr elle aboutit parfois à
d'étranges cacophonies.

rrélérables à ces phrases mal équilibrées où les consonances sembleront nécessairement produites par le hasard.
Si le propre du vers, comme nous l'avons vu plus haut, est
d'exprimer et de produire l'émotion, d'aller au cœur, il est
clair que le calembour ou le demi-calembour de la rime
ne saurait constituer le vers; il nous faut donc, selon les
lois psychologiques et physiologiques précédemment invo-
quées, chercher dans le langage rythmé l'essence même
du vers; or le rythme disparaît là où la césure est non
seulement affaiblie, mais totalement supprimée, là où l'on
ne peut plus battre en aucune façon la première des deux
mesures à $\frac{6}{8}$ formées par le vers. Les poètes rejetant la
césure de l'hémistiche sont donc des musiciens qui veulent
se passer du rythme, c'est-à-dire du fond même de toute
musique et de tout vers. Des architectes qui voudraient se
passer de pierres, ou tout au moins de pierres taillées, ne
seraient pas plus étranges.

Si les prétendus vers « romantiques » que nous venons
de citer ne sont pas des vers, s'ensuit-il que l'alexandrin
conçu par Boileau soit le seul possible? Bien loin de là; dès
le dix-septième siècle, il y avait un versificateur d'un génie
très supérieur à Boileau (parfois à Racine); nous voulons
parler de La Fontaine, qui a manié l'alexandrin comme les
petits vers, avec une habileté merveilleuse; plus tard est
venu André Chénier; plus tard enfin notre V. Hugo. Aucun
n'a changé d'une manière fondamentale le rythme du vers
français; mais chacun d'eux, surtout le dernier, lui a fait
subir des variations considérables. Pour comprendre ces
variations et les apprécier à leur juste valeur, il faut de

nouveau emprunter quelques données à la musique. Un
des effets les plus importants de l'art musical, ce sont les
contre-temps et les syncopes. Un rythme régulier étant
considéré comme l'expression physiologique d'une certaine
tension nerveuse, la rupture momentanée de ce rythme
marquera une brusque rupture d'équilibre dans l'organisme
et comme l'invasion d'une émotion nouvelle et tumultueuse,
qui se transmettra à l'auditeur. Aussi, dans la musique
passionnée des modernes, les contre-temps, les syncopes,
tous les effets tirés du rythme jouent un rôle de plus en
plus grand. Seulement, remarquons-le bien, le contre-
temps ne supprime en aucune façon la mesure ; l'impression qu'il produit vient précisément de ce que l'oreille,
ayant le sentiment exact de la mesure, devine où devait
tomber le temps fort ; déçue d'abord dans son attente, elle
éprouve un certain plaisir à le retrouver, quoique en
retard. Appliquons ces principes de toute musique à la
musique du vers. Les poètes qui se modelaient sur Boileau
ressemblaient à des musiciens auxquels on interdirait tout
contre-temps ; aussi leur phrase mélodique avait-elle fini
par devenir d'une banalité, d'une monotonie extrême. Les
effets de rythme devaient au contraire permettre aux La
Fontaine, aux André Chénier et surtout aux V. Hugo de
varier indéfiniment la mélodie du vers ; mais ces effets ne
doivent en aucune manière déranger la mesure et rompre
l'équilibre de la phrase musicale. Or, nous le savons, c'est
la césure et la rime qui dans le vers marquent la mesure :
elles ont le rôle du bâton de chef d'orchestre ; il faut donc
qu'on les sente toujours, il faut que la division rationnelle

du vers par groupe de six syllabes subsiste, même quand
on ne veut pas souligner avec la voix cette division. L'inter
valle du sixième au septième pied est le centre normal de
l'alexandrin ; si, par exception, le temps fort oscille à droite
ou à gauche de ce point central, il est pourtant nécessaire
qu'on sente une certaine attraction de ce côté, une possibilité de s'y arrêter. Tout enjambement, qu'il se fasse d'un
hémistiche sur l'autre ou d'un vers sur l'autre, doit coûter
quelque effort : c'est la condition même de son effet.
Je dois sentir que je franchis une ligne normale de
démarcation. Si en musique le contre-temps supprimait
la vraie mesure, ce ne serait plus un contre-temps ;
c'est son irrégularité même qui explique son effet psychologique, et cette irrégularité n'existe que par comparaison
avec la règle, c'est-à-dire la mesure toujours maintenue.

Nous arrivons à ce résultat que, s'il n'existe pas de vers
« romantique » sans césure régulière, du moins le rythme
du vers classique peut subir de très nombreuses variations,
qui se justifient théoriquement. Nous avons écarté tout à
l'heure, comme ne rentrant pas dans le type du vers, certaines espèces vraiment monstrueuses ; il reste à voir, par
de nouveaux exemples, comment d'autres espèces peuvent
prendre naissance et vivre sans faire exception aux règles
générales de l'esthétique. On peut ici raisonner par analogie de l'architecture et de la musique à la poésie. Les
esthéticiens d'Allemagne ont montré que, dans l'architecture, les proportions diverses des lignes sont régies par
une règle qu'on a nommée *règle d'or*, et qui établit entre les
lignes un rapport simple. Par exemple, une croix n'est

élégante que si ce rapport simple existe entre le pilier et les bras. De même, en musique, les accords résultent, comme on sait, de rapports simples entre les nombres des vibrations. Il en est ainsi dans le vers, qui a, lui aussi, sa règle d'or et doit s'y conformer. Analysons ces vers empruntés à la *Légende des siècles*, où se trouve à la fois un enjambement et la suppression (apparente) de l'hémistiche :

> ... Et la voix qui chantait
> S'éteint comme un oiseau se pose : tout se tait.

Le premier vers, très bien coupé, a donné le sentiment net de la vraie mesure ; à l'hémistiche du second vers se trouve la diphtongue sonore *eau* qui porte accent tonique ; l'oreille sent que c'est ici le temps fort, la voix semble devoir y appuyer, s'y reposer longtemps : tout d'un coup elle glisse ; par un effet de rythme merveilleux se trouve représentée la courbe brisée du vol d'un oiseau ou d'une vibration mourant dans l'air. Aucune loi du vers n'a été violée ; la mesure de $\frac{6}{8}$ a été conservée avec un simple contre-temps à la seconde mesure, et cependant quelque chose de nouveau se trouve dans ce vers : une image, une idée a été produite par un procédé tout musical, sans le secours des mots.

> La porte tout à coup s'ouvrit bruyante et claire...
> Le preux se courbe au seuil du puits, son œil s'y plonge[1]...

Dans ces exemples, où le contre-temps produit au milieu

---

1. Remarquons que l'effet cherché dans tous ces vers disparaît si

du vers une harmonie nouvelle, nous observons déjà deux choses : 1° le temps fort de la césure, quelque affaibli qu'il soit, peut toujours se battre ; 2° le nouveau temps fort introduit à côté par substitution est placé d'une manière méthodique et coupe l'alexandrin, déjà divisé vaguement par la césure effacée, en deux tronçons nouveaux de 8 et de 4 pieds.

La première de ces deux règles a pu être niée fort souvent en théorie ; mais, dans la pratique, V. Hugo s'est presque toujours soumis à la césure ; il a aussi fort peu d'enjambements qui dérangent d'une manière durable l'équilibre des vers. Son oreille l'a généralement empêché de faillir là même où sa théorie était en défaut. Dans ses vers, comme dans la nature même des choses, tout contre-temps, par cela même qu'il est un *effet*, ne devient jamais une *règle*. Aussi, quoi qu'il en ait dit plaisamment lui-

en les lisant on ne fait pas sentir légèrement avec la voix le point où devrait tomber le temps fort. Qu'on lise par exemple le vers suivant comme le voudraient certains versificateurs d'aujourd'hui avec MM. Renouvier et Becq de Fouquières, en le coupant en trois tronçons :

Les dieux dressés — voyaient grandir — l'être effrayant,

toute la force du mot *grandir*, mise en relief par le contre-temps, s'efface, et le vers devient non seulement boiteux, mais banal. De même ce vers se disloque et perd tout rythme si on le lit ainsi :

. Il est grand et blond ; — l'autre est petit, — pâle et brun.

La voix doit évidemment insister sur *l'autre*, qui exprime un rapport d'opposition, et le vers doit rentrer dans la forme classique.

même, rien d'habitude ne « patauge dans ses strophes [1]. »
Les poètes et les esthéticiens modernes s'appuient sur une
analyse inexacte du vers même de V. Hugo, quand ils font
des alexandrins sans aucune césure au sixième pied. Le
sixième pied doit *toujours* être pourvu d'une syllabe sonore,
portant accent tonique, et sur laquelle la voix glisse parce
qu'elle le veut bien, non parce qu'elle ne peut faire autrement. Donc, rien d'inacceptable comme ces mots placés à
cheval sur l'hémistiche par les poètes contemporains, ou ces
articles qui appellent le substantif retenu dans l'autre moitié du vers, ou ces *que* et ces *qui* cherchant en vain à se
poser, comme une jambe boiteuse. Tous les articles, pro-
noms ou conjonctions (surtout ceux d'une syllabe), tous
les mots qui n'ont pour ainsi dire pas d'existence indépendante des mots suivants, ne peuvent être placés au sixième
pied. Si encore un poète prenait une fois en passant des
libertés pour introduire dans le vers une expression vraiment forte, qui le déborde et le brise pour ainsi dire, on
pourrait le comprendre à la rigueur ; c'est au contraire

---

1. Il a écrit à propos du « vers romantique, » donnant à la fois
le précepte et l'exemple :

> L'alexandrin saisit la césure, — et la mord.

Ses disciples couperaient ce vers comme nous le coupons ici, et
croiraient que la césure de l'hémistiche n'existe plus. Elle existe
toujours, et pour le prouver il suffit de forger le vers plat qui suit.
où l'on n'observe plus en rien le repos de l'hémistiche :

> La césure dans l'alexandrin disparaît.

Elle a si bien disparu ici, que ce n'est plus un vers.

pour des vers faibles et mal venus qu'on se permet ces
cacophonies, bien plus choquantes que les hiatus. Selon
une théorie vraiment scientifique du vers, nous croyons ces
licences injustifiables [1].

1. M. Becq de Fouquières, qui cherche a les excuser en déclarant
que le vers romantique est un vers d'un type nouveau, compte
presque quatre césures dans l'alexandrin classique; il en compte
trois seulement dans le vers « romantique, » et il en conclut que le
second a seulement les trois quarts de la durée du premier. Ce
sont là des affirmations un peu fantaisistes, et c'est même, croyons-
nous, tout le contraire de la vérité. Le vers classique n'a, en général, que deux forts accents rythmiques et qu'une véritable césure ;
le vers dit « romantique » multiplie les accents rythmiques et les
césures ; de plus, il accumule les idées et les phrases, et à chaque
phrase nouvelle il se trouve coupé naturellement de virgules ou de
points. Aussi est-il non seulement aussi long, mais fort souvent
plus long que le vers classique ; dans le même nombre de pieds, il
fait tenir plus d'idées et plus de mots sur lesquels la pensée et la
voix puissent s'appesantir. Ces deux vers :

> Le duel reprend. La mort plane, le sang ruisselle.
> Durandal heurte et suit Closamont ; l'étincelle...

ont une durée égale et même supérieure à ces deux autres :

> Hippolyte lui seul, digne fils d'un héros,
> Arrête ses coursiers, saisit ses javelots.

La chose est si évidente que nous n'insisterons pas. Quant aux vers
sans césure normale que M. Becq de Fouquières vient à proposer
en les justifiant par cette étrange théorie du « vers romantique, »
il suffit de les citer sans commentaire (ce sont des vers de V. Hugo
arrangés par M. Becq de Fouquières ; nous corrigeons une faute
laissée par lui dans le premier) :

> Tout était sec, hors un peu d'herbe autour du puits...
> Les Arabes firent la nuit sur la prairie...
> La tempête est une sœur des longues batailles...
> Prends le rayon, prends l'aurore, usurpe le feu...
> Il est grand et blond, et l'autre est court, pâle et brun...

Tout ce qu'on peut dire de ces vers, c'est qu'ils valent bien ceux

La césure maintenue, il nous reste à examiner la place
du nouveau temps fort introduit dans le vers par La Fon
taine, Chénier et V. Hugo. Comme nous l'avons vu, ce
temps fort se borne dans la majorité des cas à subdiviser
le vers en deux parties, l'une de quatre et l'autre de huit
pieds. En d'autres termes. sans faire disparaître entièrement pour l'oreille le rapport primitif des deux hémistiches (6 et 6), il introduit un rapport nouveau (4 et 8), qui
rentre par sa simplicité dans ce qu'on pourrait appeler la
règle d'or du vers. Aussi le vers de V. Hugo, bien compris, est-il supérieur au vers de Boileau, parce qu'il renferme deux harmonies de nombres au lieu d'une seule, et
concentre, pour ainsi dire, le charme de deux vers en un [1].

des poètes que nous avons cités plus haut, ils sont d'ailleurs con-
struits d'après les mêmes principes.

1. L'alexandrin de Boileau se composait de deux vers de six pieds
juxtaposés ; le vers romantique juxtapose en outre un vers de huit
pieds et un petit vers de quatre. Pour se rendre compte de sa facture, prenons deux vers de huit syllabes, par exemple les suivants
de V. Hugo (*Rayons et ombres*) :

Levez les yeux, levez la tête !
La lumière est en haut ! marchez !

Je remarque que la sixième syllabe du premier vers porte un accent
tonique et qu'elle est assez sonore pour marquer une césure voilée ;
je puis alors introduire ce vers sans aucun changement dans un
alexandrin, et j'obtiens la phrase musicale suivante, avec un léger
contre-temps qui fait image :

Levez les yeux, levez la tête ! La lumière...

Maintenant pourquoi la forme huit et quatre, adoptée dans beaucoup de vers de V. Hugo, satisfait-elle particulièrement l'oreille ?
C'est qu'elle donne lieu à des rapports numériques très faciles à
saisir. Après la forme classique de l'alexandrin (6 et 6), qui pré-

On voit combien la « révolution romantique » est simple
au fond, et combien ceux qui l'ont faite ont eu tort d'y voir

sente à l'oreille deux nombres égaux, la forme 8 et 4 (ou 4 et 8) est
la meilleure, parce qu'elle offre un nombre double de l'autre. La
forme dix et deux peut encore se soutenir ; mais, comme les rapports des nombres sont plus complexes, elle est plus lourde et se
rencontre rarement. En voici un exemple remarquable :

> Sa chevelure était une forêt ; — des ondes,
> Fleuves, lacs, ruisselaient de ses hanches profondes.

La forme 9 et 3 (ou 3 et 9), offrant encore des rapports simples, ne
manque pas d'harmonie ; ce qui la rend moins fréquente, c'est que
le vers de neuf pieds, pour être bon, a besoin généralement de deux
césures et se fond ainsi avec le vers alexandrin au milieu duquel
on l'introduit.

> Pourtant je te fais grâce, ayant ri. — Je te rends
> A ton antre, à ton lac, à tes bois murmurants.

Reste une dernière forme (7 et 5, ou 5 et 7), qui, selon nous, est
dans la plupart des cas injustifiable. Elle présente des rapports
numériques complexes, qui sont fort désagréables à l'oreille.
V. Hugo, généralement irréprochable sous le rapport de l'harmonie, ne l'emploie que très rarement (peut-être deux ou trois fois
sur mille). Nous citerons un cas où il n'est pas parvenu à rendre
cette forme acceptable :

> Ce nom, Jéhovah, comme à travers des éclairs.

C'est là un des rares vers de V. Hugo qu'on puisse vraiment appeler
désharmonieux, d'une désharmonie peut-être imitative ; cette division du vers en cinq et en sept pieds, qui n'est pas même palliée
par un accent tonique suffisant sur la sixième syllabe, est par elle-
même choquante pour l'oreille. D'autres fois, à force d'art, le grand
poète est parvenu presque à sauver ce que les rapports numériques
de cinq à sept ont de mauvais : pour cela, il place à côté du
sixième pied un monosyllabe sonore et représen'ant une idée importante, qui se trouve par ce dur contre-temps mise dans un éton-
nant relief ; d'autres fois, au lieu d'un monosyllabe, il emploie un

eux-mêmes une sorte de bouleversement du vers. Au fond, c'est sa simplicité qui a fait sa fécondité. V. Hugo ne supprime pas la césure, il la multiplie, il en place une seconde après la première, et le vers y gagne au lieu d'y perdre. Donc, le « vers romantique » et le « vers classique, » si souvent opposés par nos poètes, ne font qu'un ; l'alexandrin, tel que l'a conçu V. Hugo, n'est pas un vers nouveau ; c'est le vers classique arrivé à son plein développement, et possédant la plus grande complexité rythmique sans avoir perdu rien de son nombre ni de sa mesure. On a dit que l'avenir de la musique moderne était dans la variété des rythmes ; ainsi en est-il de la poésie,

> Peinture qui se meut et musique qui pense [1],

mais à la condition que la variété des rythmes n'altère jamais au fond la mesure.

mot de deux syllabes, comme *aime*, *punc*, etc., ce qui atténue encore la surprise de l'oreille.

> Et les coups furieux pleuvent ; son agonie...

Ce beau vers est d'autant plus irréprochable que, malgré le temps fort de la septième syllabe, il revient ensuite à la vraie forme du vers romantique, huit et quatre.

En résumé, on peut simplifier la théorie du vers dit romantique en ramenant toutes ses formes à quatre, dont la première seule est et doit être fréquemment usitée : 8 et 4 (ou 4 et 8), 10 et 2 (ou 2 et 10), 9 et 3 (ou 3 et 9), 7 et 5 (ou 5 et 7). Par là tombent certaines affirmations contenues dans le traité de M. Becq de Fouquières sur la *versification française.*

1. E. Deschamps.

CHAPITRE III

DES MÈTRES NOUVEAUX. — DE L'HIATUS

Les romantiques n'ont pas seulement modifié le rythme
du vieil alexandrin; ils ont essayé de créer des mètres
nouveaux. Plusieurs poètes contemporains, renouvelant
les tentatives du seizième siècle, ont écrit des vers de neuf,
onze, treize, quatorze, quinze et seize pieds. Ces tentatives
ont été généralement faites en dehors de tout esprit scientifique et sans méthode raisonnée.

Rappelons les principes établis plus haut et sur lesquels
on doit se régler dans ce genre d'essais : 1º tout vers
excédant huit syllabes[1] doit avoir une ou plusieurs césures

---

1. Le vers de huit syllabes lui-même a des césures, mais irrégulièrement disposées. La césure typique le coupe pourtant en parties égales :

> L'un à Pathmos, — l'autre à Tyane,
> D'autres criant : - - « Demain, demain ! »
> D'autres qui son — nent la diane
> Dans les sommeils — du genre humain (*V. Hugo*).

Le rapport des nombres est alors d'une simplicité parfaite : 4 et 4 facilement saisissables à l'oreille ; 2° le vers peut être coupé par la césure en deux parties inégales si, dans ces deux parties, les nombres des syllabes offrent des *rapports simples* et sont divisibles par le même chiffre. C'est ce qui arrive pour le vers de dix pieds coupé en deux parties de quatre et de six syllabes :

> L'amour forgeait ; au bruit de son enclume
> Tous les oiseaux, troublés, rouvraient les yeux (*V. Hugo*).

Malgré l'inégalité des deux hémistiches, l'oreille n'est pas choquée, parce qu'elle saisit sans effort le rapport des deux nombres pairs. Au contraire, au lieu des nombres 4 et 6, mettez 3 et 7, ou, en supprimant une syllabe, mettez 4 et 5 ou 5 et 4 ; vous obtiendrez des rapports mathématiques choquants pour l'oreille. Faute d'avoir connu cette règle, on a composé des vers de 9 syllabes qui sont vraiment inadmissibles :

> En proie à l'enfer plein de fureur,
> Avant qu'à jamais il resplendisse,
> Le poète voit avec horreur
> S'enfuir vers la nuit son Eurydice (*Th. de Banville*).
>
> Je n'aimai pas le tabac beaucoup (*Sedaine*).

Au contraire, coupez le vers de neuf pieds en parties égales, c'est-à-dire établissez deux césures, l'une après le troi-

D'autres fois il est de 2 et 6 (ou 6 et 2). D'autres fois encore de 3 et 5 (ou 5 et 3) : le rapport est alors plus complexe, mais l'intelligence le saisit facilement parce qu'il s'agit ici de deux très petits nombres, et une simple variété est introduite au sein d'un rythme constant.

sième pied, l'autre après le sixième[1], vous obtiendrez un des vers les plus harmonieux de notre langue, surtout lorsqu'il est disposé en strophes :

> Oui, c'est Dieu — qui t'appelle — et t'éclaire !
> A tes yeux a brillé sa lumière,
> En tes mains il remet sa bannière,
> Avec elle apparais dans nos rangs. (*Scribe.*)

> L'air est plein d'une haleine de roses. (*Malherbe.*)

Si un vrai poète s'emparait de ce rythme, il pourrait produire le plus grand effet ; car ces deux césures se succédant si rapidement à temps égaux donnent le sentiment d'une harmonie toujours présente, et l'oreille est bercée sans que rien d'inattendu ou de disproportionné vienne la surprendre. La monotonie serait le seul inconvénient de ce vers, si on voulait l'employer pour un trop long poème.

Quant au vers de onze pieds, l'impossibilité où l'on est de le diviser en parties égales ou offrant des rapports simples, nous semble vraiment le condamner. Le voici sous ses deux types, avec la césure après la cinquième ou après la sixième syllabe :

> Belle dont les yeux — doucement m'ont tué (*Ronsard.*)
> Et le ciel ne voit point — d'amant plus heureux (*Voiture.*)

Il a toujours l'air d'un alexandrin manqué ; l'inégalité des deux hémistiches produit l'effet d'une dissonance revenant

---

1. De ces deux césures, c'est évidemment la première qui est la plus indispensable.

sans cesse. Pour le comprendre, il suffit d'ôter une syllabe aux deux célèbres vers de Racine :

> Ariane, hélas ! de quel amour blessée
> Tu mourus aux bords où tu fus délaissée.

Ce distique boiteux fait ressortir toute la différence qui sépare le vers de onze pieds d'un véritable vers. Il ne pourrait servir que là où le poète se donnerait à tâche de causer une sorte d'irritation, d'agacement du système nerveux.

Pour la même raison, le vers de treize pieds n'est pas justifiable :

> Le chant de l'orgie — avec des cris au loin proclame
> Le beau Lysios, — le Dieu vermeil comme une flamme.
> (*De Banville.*)

Il n'est pas moins boiteux, mais il l'est plus lourdement. De même pour le vers de quinze syllabes :

> O des poètes l'appui — favorise ma hardiesse (*Baïf.*)

Restent donc les vers de quatorze et de seize pieds. On a essayé du vers de quatorze syllabes, divisé par la césure en deux tronçons de six et de huit :

> Voici qu'elle reflue et que, l'une de l'autre écloses,
> Ses vagues sans fracas remontent vers leur lit de roses.
> (*André Lefèvre.*)

Quoique ces deux nombres offrent entre eux une proportion satisfaisante, ils représentent déjà un chiffre trop élevé pour que cette proportion soit facilement saisie par l'auditeur. L'harmonie de ce vers, réelle mathématique- ment, tend donc à devenir nulle pour l'oreille. Plus harmonieuse est la division en deux tronçons égaux de sept pieds chacun :

Il fait meilleur à Paris — où l'on boit avec la glace (*Scarron.*)

Nous croyons que ce dernier type de vers serait possible ; mais en somme il se réduit à la juxtaposition de petits vers de sept pieds ne rimant que deux à deux : ces vers, s'ils rimaient tous entre eux, ne produiraient-ils pas meilleur effet ? Le vers de quatorze pieds est un alexandrin alourdi, et cependant le nombre impair des pieds dans chaque hémistiche lui donne quelque chose de sautillant qui étonne par contraste.

Quant au vers de seize syllabes, qui se rapproche du long vers sanscrit, il est incapable de se plier au mouvement de la pensée moderne ; c'est plutôt une période oratoire bien cadencée qu'un véritable vers :

Je me meurs vif, ne mourant point ; je sèche au temps de ma verdeur.
(*Baïf.*)

La disposition 6 et 6 de l'alexandrin ou 4 et 6 du vers de dix syllabes demeure donc le type des arrangements agréables à l'oreille. Comme nous venons de le voir, l'intelligence ne reste jamais étrangère au plaisir de l'ouïe ; or, c'est le vers de 12 syllabes qui nous fournit et nous fournira longtemps encore les éléments les plus variés et

les ressources les plus faciles pour cette mathématique
inconsciente qui, en poésie comme en musique, constitue
l'harmonie.

Comme les poètes contemporains ont tenté de briser le
rythme et le nombre du vers français, ils ont voulu
réformer les lois de l'harmonie des syllabes et rétablir
l'hiatus. Cette question de l'hiatus nous paraît beaucoup
moins importante que celle du rythme et du mètre, puisque
le vers français a existé longtemps et peut encore exister
avec des hiatus. Nous croyons qu'il est sur ce point peu de
règles absolues ; pourtant il y a cette règle générale de
mécanique qu'un mouvement s'accomplit avec d'autant
plus d'aisance qu'il donne lieu à moins de frottements. La
rencontre des voyelles est condamnable parce que c'est, au
point de vue scientifique, une perte de force pour les
organes vocaux et une fatigue pour l'oreille.

Comme l'a montré M. Becq de Fouquières, l'hiatus est
une interruption brusque, une solution de continuité dans
le son. Quand nous prononçons deux voyelles consécutives
très distinctement et en les accentuant toutes deux, le courant d'air expirateur doit s'arrêter après la première pour
attendre que la bouche soit prête à l'émission de la
seconde : de là un temps de silence qui suspend la parole
et toute sensation acoustique [1]. L'hiatus sera d'autant plus
sensible que chacune des voyelles portera un accent tonique
plus caractérisé : au contraire, si la première est plus fai-

1. Voir sur ce point un excellent chapitre de M. Becq de Fouquières, page 289.

blement accentuée, elle tendra à se fondre dans l'autre et
à former un son composé, une sorte de diphtongue où
tout hiatus disparaît : c'est pour cela que la rencontre des
voyelles à l'intérieur des mots n'offre en général rien de
choquant pour l'oreille : *suavité, jouet, poète, Danaé,* etc.
Ces sons composés ont au contraire une expression cares-
sante. Tout autre est la rencontre de voyelles qui appar-
tiennent à deux mots distincts et qui ont ainsi une existence indépendante l'une de l'autre : cette rencontre ne
peut avoir lieu dans la langue française sans un heurt
vraiment désagréable. C'est que dans notre langue l'accent tonique porte précisément sur la dernière syllabe
de chaque mot; la voix, au moment où elle s'allongeait sur
cette syllabe, se trouve donc arrêtée brusquement dans
son extension : on a le sentiment d'un obstacle qui inter-
vient, d'une sorte de choc. Le choc est d'autant plus violent que le sens de la phrase permet moins de s'arrêter
entre les deux mots, ou que la voyelle du second mot est
moins sourde : par exemple, cet hiatus : *l'oiseau apparaîtra,*
est plus dur que cet autre : *l'oiseau ami de l'homme,*
parce que la syllabe *ap* porte un accent tonique secondaire, tandis que la première syllabe d'*ami* n'en porte
pas.

En somme, la langue française est infiniment plus susceptible d'hiatus que les autres langues : 1° à cause de la
disposition de ses accents toniques ; 2° à cause de la prononciation distincte et indépendante de chacune de ses
syllabes ; 3° à cause du son franc et simple de ses voyelles,
qui peuvent plus difficilement que celles des autres langues

se fondre l'une dans l'autre ; en anglais, au contraire, le
son d'une voyelle consiste en général dans la fusion de
deux ou trois sons divers, parfois d'une véritable gamme
de sons : il suffit de prendre pour exemple la simple inter-
jection : *Ah !*

La rencontre des voyelles ne pourra donc jamais être
dans les vers français qu'une exception. De là à bannir
du vers ces locutions adverbiales, ces dissonances con
sacrées par l'usage : *sang et eau* (Racine), *folle que
tu es* (Musset), *vingt et un* (V. Hugo), etc., il y a loin.
Certains hiatus, comme *il y a*, sont harmonieux à cause
de la parfaite fusion des voyelles l'une dans l'autre. En
général, la rencontre de la voyelle *i* avec les autres est
peu choquante, parce qu'elle se rapproche du son de l'*l*
mouillée ; mais la rencontre de l'*é* et de l'*a*, par exemple,
est très dure [1]. Pour que l'hiatus puisse s'ériger en règle et
en coutume dans le vers français, il faudra que notre prononciation actuelle se soit modifiée bien profondément, et
nous sommes loin de cette époque, qui n'est pas après tout
très désirable.

1. Comme dans des vers tels que celui-ci :

Qui nous a torturé à fond pour nous lancer...
(VERGALO, Le livre des Incas)

Cependant M. Sully Prudhomme, dans une lettre publiée par
M. Vergalo et qui semble authentique, lui a donné absolution
entière pour ses hiatus. C'est là, semble-t-il, une absence momentanée de la part d'un musicien aussi raffiné que M. Sully
Prudhomme.

En résumé, le vers français tel qu'il est, avec les mètres qu'il possède et les syllabes choisies qu'il peut employer, offre des ressources de rythme et d'harmonie bien suffisantes pour un poète. Si, chez les poètes de second ordre, le rythme et l'harmonie manquent nécessairement, cela ne tient ni au vers français, ni même toujours à l'oreille de ces poètes : cela tient, nous le verrons plus tard, à la nature même de leur pensée, trop médiocre pour être harmonieuse ; cela tient, pour ainsi dire, à la démarche même de leur esprit : *incessu patuit.* Le rythme fondamental du vers n'est rien sans le rythme même du langage et de l'idée, qui n'est donné tout fait à personne et qui s'organise spontanément dans l'inspiration même.

CHAPITRE IV

Nous avons vu que le vers est constitue avant tout par le
rythme, le nombre et la mesure : il est la pensée à la fois
pleine et mesurée, la pensée devenue chantante sous l'influence de l'émotion. Dans les lettres de G. Flaubert à
G. Sand se trouve, au milieu de paradoxes, cette remarque
qui confirme ce que nous avons dit sur les rapports du
rythme et de la pensée : « Dans l'harmonie des mots, écrit
Flaubert, dans la précision de leurs assemblages, n'y a-t-il
pas une vertu intrinsèque, une espèce de force divine,
quelque chose d'éternel comme un principe? Ainsi, pourquoi
y a-t-il un rapport nécessaire entre le mot juste et le mot
musical? *Pourquoi arrive-t-on toujours à faire un vers
quand on resserre trop sa pensée?* La loi des *nombres*
gouverne donc les sentiments et les images, et ce qui paraît
être l'extérieur est le dedans. » Si la loi des nombres est le
dedans de la prose même, à plus forte raison est-elle le
dedans de la versification, qui ne fait que la rendre sensible
et régulière. Quant à la rime, comme nous l'avons prouvé,

elle n'est scientifiquement que le moyen de marquer la fin
du vers; du moment où, grâce à elle, la mesure est devenue
sensible, son rôle *essentiel* est terminé. Le prosateur qui
renforce et resserre sa pensée n'arrive pas à la *rime*, mais
il arrive au *rythme*. Si l'on demande à la rime de jouer un
rôle plus important, ce peut être une question de préférence personnelle, mais la rime « opulente » n'a pas
beaucoup plus d'importance dans une théorie scientifique
du vers français que la rime *annexée, batelée*, etc., du
quatorzième et du quinzième siècle. A aucune époque de
l'histoire, la rime riche ne fut tenue en aussi grand honneur
que pendant ces deux siècles. Des oreilles qui n'étaient pas
encore assez délicates pour être choquées des hiatus trou-
vaient un plaisir extrême dans la répétition des mêmes
sons accompagnée de la différence de sens; à cette époque,
les vers étaient bien proprement, selon l'idéal de
M. de Banville, d'harmonieux « calembours. »

> Pour dire vrai, au temps qui court,
> *Cour* est un périlleux passage ;
> *Pas sage* n'est qui va en cour,
> *Court* est son bien et avantage.

Non seulement les rimes *annexées* de cette manière, mais
les *enchaînées*, les *fraternisées*, les *batelées*, les *couronnées*
et tant d'autres, produisaient de charmantes surprises pour
l'oreille et pour l'esprit. La rime batelée, par exemple (du
vieux verbe *bateler*, faire des tours), qui ramenait la même
consonance non seulement à la fin des vers correspon-

dants, mais à l'hémistiche de tout autre vers placé entre eux, produisait de jolis effets d'harmonie, et en même temps elle compliquait le rythme même, ce que ne fait pas la rime riche. Quels « rimeurs » que Clément Marot et ses contemporains, et comme ils dépassaient nos parnassiens modernes! C'étaient alors des combinaisons d'une ingéniosité sans égale, des problèmes d'une décourageante difficulté résolus en se jouant, des tours de force ou d'adresse dignes de ce temps où l'on faisait tenir l'*Iliade* entière copiée sur parchemin dans un œuf de pigeon. Que de petits poèmes contenant, comme cet œuf, des trésors de patience et de génie! La difficulté vaincue était toujours sûre de provoquer l'admiration, tandis que la vraie beauté l'était beaucoup moins. Il est si commode d'avoir un « critérium » fixe pour juger l'œuvre d'art! Une femme du peuple disait au sortir d'un sermon : « Quel grand prédicateur! Il a parlé pendant deux heures entières. » C'est ainsi, par le temps et l'effort, qu'on appréciait la poésie, et la rime permettait de supputer mentalement la longueur du travail. « Quels beaux vers! ils sont si cherchés! » Par malheur, ce genre de beauté passe bien vite : plus une œuvre d'art sent l'effort, plus elle est ingénieusement arrangée, frisée, pomponnée, plus tôt elle se démode; rien ne se fane comme les papillotes : il n'y a d'éternel que ce qui est simple.

C'est pourtant vers cette époque d'effort stérile, de jeux de rimes et de jeux de mots que nos poètes contemporains, depuis Th. Gautier, ont tous essayé de revenir. Presque toujours, dans les périodes ou l'art vieillit, il se produit un

retour vers l'enfance même de l'art[1]. Tandis que les poètes
contemporains, s'imaginant suivre l'exemple de Victor
Hugo, montrent une oreille si peu difficile en ce qui concerne la césure, ils ont des recherches, des raffinements de
toute sorte en ce qui concerne la rime. C'est que, selon eux,
ce raffinement de la rime peut seul compenser les négli-
gences dans la mesure du vers; comme si on compensait
une négligence par une affectation! Selon une métaphore
de Sainte-Beuve reprise par M. Legouvé, la rime est
l'agrafe d'or attachant autour du sein de Vénus l'écharpe
divine, toujours prête à retomber et qu'elle relève toujours;
de notre temps, Vénus se démène si bien que l'écharpe du

1. M. de Banville veut qu'on fasse les vers à la façon de Chape-
lain, que Saint-Evremond représente composant ainsi un ma-
drigal :

« Qui vit jamais rien de si beau...
(Il me faudra choisir pour la rime *flambeau*)
« Que les beaux yeux de ma comtesse...
(Je voudrais bien aussi mettre en rime *déesse*).

M. de Banville ne se serait pas contenté à moins de *prophétesse.*

« Qui vit jamais rien de si beau
« Que les beaux yeux de ma comtesse?
« Je ne crois point qu'une déesse
« Nous éclairât d'un tel flambeau.
« Sa clarté qu'on voit sans seconde,
« Éclairant peu à peu le monde,
« Luira même un jour pour les dieux...
Je ne suis pas assez maître de mon génie :
J'ai fait sans y penser une cacophonie.
Qui me soupçonnerait d'avoir mis *peu à peu!*
Ce désordre me vient pour avoir trop de feu. »

Beaucoup de nos parnassiens modernes sont des Chapelains; mais
quelques-uns n'ont même plus peur des hiatus,

vers court grand risque de se déchirer; malgré la riche agrafe de la rime, elle va s'envoler au vent. On comprend les inquiétudes de ceux qu'on appelait jadis les « bons classiques. » Là où le léger affaiblissement de la césure est un effet de rythme (comme dans tous les bons vers de Victor Hugo), il ne compromet nullement le vers et il n'a nul besoin d'être pour ainsi dire excusé par une rime plus riche que la rime classique. Voici des vers d'*Eviradnus* où le premier hémistiche enjambe sur le second, le second sur le vers qui suit; la rime est loin d'être riche (quoique Hugo ait souvent rimé exactement même avec la terminaison *anche*); le rythme est des plus complexes; l'effet d'harmonie est incomparable :

> Zéno l'observe, un doigt sur la bouche : elle penche
> La tête, et, souriant, s'endort, sereine et blanche.

On pourrait trouver dans Victor Hugo et dans La Fontaine nombre d'exemples de ce genre avec des rimes masculines ou féminines. Là où l'enjambement est une qualité, il plaît par lui-même et à condition d'un retour rapide à la coupe typique du vers; là où il est un défaut, la richesse des rimes ne pourra jamais y remédier, pas plus qu'elle ne remédierait à un vers de treize pieds. Une rime riche n'a jamais sauvé un mauvais vers.

Parmi les grands poètes, les uns ont eu une sorte de superstition de la rime, comme Victor Hugo; les autres, comme La Fontaine et A. de Musset (qui prenaient pourtant de grandes libertés de rythme) l'ont réduite au strict nécessaire ; il est donc difficile d'établir empiriquement, d'après leur exemple, aucune règle prescrivant la rime riche. Ceux mêmes qui ont eu le plus de recherches à l'endroit de la rime font preuve soudain, par moments, d'une négligence extrême. On relèverait chez Victor Hugo des milliers de vers blancs ou qui sont bien près de l'être[1]. L'autorité des poètes n'a donc pas grande valeur, comme

1. *Fiers* rimant avec *entiers*, *mer* avec *aimer* ou *écumer*, *sourcils* avec *attendent-ils*, *Christ* avec *écrit*, *luth* avec *salut*, etc. Th. Gautier se contente parfois de la simple assonance et fait rimer par exemple *baisers* et *appuyés*. Les rimes avec consonnes d'appui, qui chez V. Hugo sont habituellement dans la proportion de soixante à quatre-vingts pour cent, tombent brusquement, en certains morceaux, à la proportion qu'on trouve chez Musset : trente-cinq à quarante pour cent, quelquefois moins. Voici par exemple une strophe des *Contemplations* où aucune consonance n'est parfaite, la consonne d'appui manquant (*resse, paisse*, etc.) :

> Hier le vent du soir, dont le souffle caresse,
> Nous apportait l'odeur des fleurs qui s'ouvrent tard ;
> La nuit tombait ; l'oiseau dormait dans l'ombre épaisse.
> Le printemps embaumait, moins que votre jeunesse ;
> Les astres rayonnaient, moins que votre regard...

Selon le principe de M. de Banville et de M. Legouvé, ces vers ne rimeraient pas et ne seraient pas des vers. Il est vrai qu'on n'y trouve point de calembour, mais leur harmonie est incontestable.

M. de Banville aurait plutôt raison s'il blâmait ces vers souvent cités qui terminent l'épisode du jugement dans *Melancholia :*

> Et rien ne reste là qu'un Christ pensif et pâle,
> Levant les bras au ciel dans le fond de la salle.

Ceux-là ne riment vraiment pas, et pourtant ce sont bien des vers. L'exactitude de la rime semble devenir assez peu de chose, aux yeux mêmes de V. Hugo, devant l'harmonie de la phrase musicale et la puissance de l'image.

toute autorité. L'appréciation du public en aurait davantage ; mais, en général, tout lecteur qui n'est point un rimeur lui-même n'attachera pas une importance exagérée à la richesse de la rime : c'est là une affaire de métier plutôt que d'oreille. Pures questions de métier, par exemple, que tels reproches adressés à A. de Musset par les parnassiens. Si vous rencontrez dans la rue un tailleur, il vous regardera moins vous-même qu'il n'observera la coupe de votre habit ; si c'est un coiffeur, il examinera la coupe de vos cheveux ; si c'est un cordonnier, vos chaussures : un étranger arrivant à Marseille est poursuivi aussitôt par de petits garçons qui, l'œil sur ses pieds, y découvrent quelque grain de poussière et mettent leur brosse à son service. Ainsi en est-il dans le monde des artistes : trop souvent, au lieu de saisir dans l'œuvre des Musset et des Hugo l'idée qui la dominait, on s'est attaché aux petites choses du métier, à tel grain de poussière. Th. Gautier, — qui ne pardonnait qu'un vers à Racine : « La fille de Minos et de Pasiphaë, » — déclarait que le chef-d'œuvre de V. Hugo est l'énumération de noms sonores placée au début de *Ratbert* ; il reniait énergiquement Alfred de Musset, comme un « poète bourgeois, » sans sonorité. A Théophile Gautier et aux parnassiens Musset eût pu répondre : « De grâce, ne regardez pas seulement mon pourpoint ou mes chaussures ; regardez-moi en face, droit au visage, et tâchez de lire ma pensée au fond de mes yeux. « La faveur croissante dont jouit Musset auprès du public, malgré le discrédit où il est tombé auprès des poètes contemporains, montre combien le chatouillement de la rime riche touche moins l'oreille que la musique intérieure et profonde du rythme [1].

Recherchons donc scientifiquement, en dehors de toute tradition classique ou romantique, ce qui distingue une bonne rime d'une mauvaise.

La rime est constituée par l'identité de timbre ; or, c'est la voyelle qui donne le timbre, et c'est elle en conséquence qui est l'essentiel dans la rime. La consonne, au contraire, comme l'a fait voir M. Max Müller, n'est qu'un bruit accompagnant l'émission de la voyelle ; elle n'a pas par elle-même de valeur musicale. La consonne est si bien au second rang dans la rime, que celle-ci a commencé par n'être qu'une simple assonance. Empruntons un point de comparaison à l'analogie établie par Helmholtz entre l'ouïe et la vue. Le timbre est la *couleur* du son ; c'est même ainsi qu'on le définit en allemand et en italien ; chaque voyelle représente ainsi pour l'oreille ce qu'est pour la vue l'une des couleurs du prisme : le charme de la rime consiste à ranger ces couleurs selon un ordre régulier, à les faire disparaître et revenir tour à tour, comme cela se produirait si l'on faisait tourner devant nous un disque bariolé de nuances disposées savamment. Les voyelles constituant

---

1. M. Zola opposait récemment A. de Musset à V. Hugo et croyait que la poésie nouvelle devait s'inspirer plutôt du premier que du second : cette admiration exclusive de Musset est aussi injuste que le mépris professé par certains parnassiens. Les qualités comme les défauts des deux grands poètes sont de genres assez divers pour se compléter ou se corriger l'un l'autre, et pour servir à la fois d'exemple ou d'avertissement aux poètes qui viendront.

ainsi comme la coloration du langage, les consonnes ou articulations ne sont que les lignes qui séparent les unes des autres les diverses bandes colorées et les empêchent de se confondre. Elles sont comme les nervures du langage, et on ne les distingue pas aussi facilement de loin : dans un massif d'arbres, on n'apercevra d'abord que la teinte des feuilles, non leur forme ; de loin, on n'entendra dans un chant que les voyelles émises, non les consonnes qui règlent leur émission. La voyelle étant le fond même de la rime et ce que l'oreille remarque d'abord, nous pouvons établir cette première règle, qu'avant tout la rime doit offrir l'identité des voyelles consonantes. Il faut donc condamner toutes ces rimes : couronne, trône ; râle, sépulcrale ; économe, homme ; bât, abat, etc., qu'on trouve sans cesse dans les romantiques et les parnassiens. L'identité de la consonne d'appui ne peut racheter la différence des voyelles.

Ce principe de la rime une fois posé, nous comprendrons vite comment l'identité des voyelles tend à produire l'identité de la consonne qui suit. Si je prononce, par exemple, ces mots *âne* et *âme*, la différence de la consonne est en elle-même peu de chose ; seulement, l'oreille reste sur cette différence, qui, se produisant à la fin du mot, acquiert ainsi une importance soudaine et compense la ressemblance des voyelles. De là une seconde règle : les consonnes qui suivent la voyelle de la rime doivent toujours avoir un son identique. Il faut donc regarder comme inexactes ces rimes que V. Hugo a reproduites si fréquemment et dans lesquelles les consonnes dernières sont tantôt muettes

et tantôt sonores : Vénus, nus ; Nil, chenil ; héros, rhino-
céros ; tous, doux ; maïs, pays.

Maintenant, lorsqu'une voyelle et la consonne qui la suit
sont identiques, faut-il demander encore davantage et
exiger, avec M. de Banville, l'identité de la consonne qui
précède, dite consonne d'appui ? Sans doute, cela est
préférable ; mais on ne peut le déduire scientifiquement
des principes du vers, parce que l'identité de la voyelle et
des dernières consonnes suffit très bien pour marquer le
rythme et remplir ainsi le but essentiel de la rime. La
voyelle émise, avec l'accord qu'elle produit, l'esprit reste
sur une idée de ressemblance plutôt que de différence ;
lorsque la voyelle est longue ou suivie de consonnes
sonores, la différence même tend à disparaître : c'est plus
qu'il n'en faut pour constituer le vers. — Quant à la rime
proprement « riche » ou superflue, formée par la double
consonance de deux syllabes à la fois, elle vaut précisément parce qu'elle n'est et ne sera jamais trop fréquente.
Il ne faudrait pas prendre pour modèles ces deux vers
gravement comiques des chœurs de Racine :

> Pour comble de *prospérité*,
> Il espère revivre en sa *postérité*.

L'abus des consonances serait mauvais en poésie comme
en musique ; la dissonance même est un élément d'harmonie, qui acquiert une importance croissante dans la
musique moderne et qui a sa valeur jusque dans la
poésie. C'est ce qu'a compris V. Hugo dans certains de
ses vers, comme La Fontaine et Musset. L'harmonie est

une chose relative; rien de plus doux que le retour à l'accord parfait après une série d'accords de septième; de même, rien ne produit plus d'effet que tel vers de Musset éclatant par sa rime riche au milieu d'harmonies plus sourdes. Quant à La Fontaine, par une étrange rencontre, c'est M. de Banville qui a le mieux caractérisé un jour ses rimes prétendues négligées en disant : « Il a fait de la rime, non pas un grelot sonore et toujours le même, mais une note variée à l'infini, dont le chant augmente d'éclat et d'intensité selon ce qu'elle doit peindre et selon l'effet qu'elle doit produire[1]. »

1. Outre la question de son musical, on a voulu aussi considérer dans la rime la question d'orthographe. Les vers, dit-on, ne sont pas toujours destinés à être entendus ; ils doivent aussi être lus et offrir quelque symétrie pour les yeux ; en outre, on invoque ici le principe philosophique de l'association des idées et des images ; même lorsque nous entendons un mot prononcé à haute voix devant nous, nous voyons aussitôt passer devant nos yeux l'image de ce mot fixé sur le papier ; il faut donc que les rimes soient non seulement exactes pour l'oreille, mais aussi pour la vue. - Nous répondrons en deux mots, par des exemples : nous sommes habitués depuis longtemps à voir rimer : *faim* et *fin, jonc* et *long, fils* et *fis* (cette dernière rime n'est mauvaise qu'à cause du son) ; peut-on trouver une raison scientifique pour s'arrêter là et blâmer Racine d'avoir fait rimer *seing* et *sein,* La Fontaine *court* et *cour, coup* et *cou,* V. Hugo *long* et *salon, vert* et *hiver,* etc.? Tous les poètes ont eu un mélange d'audaces et de timidités assez étranges sous le rapport de l'orthographe ; en dehors des signes distinctifs du pluriel et du singulier, nous ne croyons pas qu'on puisse rationnellement leur interdire à cet égard aucune liberté. Maintenant pour quelle raison les poètes ont-ils évité de faire rimer le pluriel avec le singulier? Ici les différences d'orthographe correspondent à des distinctions de classification auxquelles l'esprit tient à bon droit : la différence fondamentale du nombre et du genre doit donc être respectée dans la rime, précisément parce que la rime cherche à produire sur l'esprit l'impression du semblable. Ajoutons qu'il est assez logique de tenir compte dans

La préoccupation exclusive de la rime sonore, érigée en principe par tous les disciples du romantisme, a sur le poète une influence psychologique qu'il est curieux d'étudier; elle produit sur son esprit plusieurs effets distincts,

la rime des différences qui peuvent reparaître à un moment donné dans la prononciation, par la *liaison* des mots. Ainsi l's du pluriel et l'*r* de l'infinitif, sourdes d'habitude, doivent se faire entendre dès que le mot qu'elles terminent se trouve suivi d'une voyelle: ces consonnes existent donc toujours pour l'esprit, même quand l'oreille ne les entend pas; elles restent pour ainsi dire sur le bout de la langue, tandis que l'*m* de *faim*, le *t* de *tort*, l'*r* de *berger* n'existent plus que pour les yeux et ne doivent plus frapper nulle oreille. En somme, et quoi qu'on en ait dit, la rime regarde l'oreille beaucoup plus que les yeux. Même quand on lit à voix basse, on entend intérieurement la rime plus encore peut-être qu'on n'en remarque l'orthographe.

Un dernier principe a été invoqué dans l'appréciation de la rime : la question de la difficulté vaincue. On a rejeté d'excellentes rimes pour l'unique raison qu'elles sont trop nombreuses. Par exemple, les rimes en *ir* sans consonnes d'appui sont blâmées par les modernes, tandis qu'ils approuvent les rimes en *er* (sonore), *or* ou *ur*. On ne tolère pas les rimes en *ant* sans consonne d'appui, et on accepte d'habitude les rimes en *an* (par exemple, dans V. Hugo, *Adam* et *océan*). L'oreille n'est pour rien dans tout cela, bien entendu. — « Il serait trop facile de faire des vers, » — voilà la seule raison que donnent les versificateurs. Mais ne serait-il pas toujours aussi difficile d'en faire de beaux? Les poètes se plaisent parfois à se donner eux-mêmes des entraves et à se mettre, comme dit Musset, « de bons clous à la pensée. » Comme s'ils pouvaient jamais avoir trop de mots pour bien choisir celui qui exprime le mieux l'idée ! Une pensée donnée veut un mot qui lui réponde exactement, et si tel mot en *ant* lui répond mieux que tel autre, pour quelle raison mutiler l'idée afin de satisfaire une fantaisie qui n'a pas son principe dans la théorie même du vers ! Il ne faut pas introduire dans la poésie ces fausses symétries et ces règles sans but que Pascal comparait aux « fausses fenêtres » dans l'architecture. Le poète ne doit donc, selon nous, se préoccuper dans la rime que de la consonance, surtout de la consonance des voyelles. Quant à toutes les autres règles de la prosodie classique ou romantique au sujet de la rime, elles ne reposent sur rien et n'ont aucune valeur scientifique.

que nous analyserons successivement. D'abord la recherche de la rime, poussée à l'extrême, tend à faire perdre au poète l'habitude de lier logiquement les idées, c'est-à-dire au fond de *penser ;* car penser, comme l'a dit Kant, c'est unir et lier. Rimer, au contraire, c'est juxtaposer des mots nécessairement décousus. Si le soin de la rime absorbe uniquement le poète, il devient bientôt incapable de suivre une pensée jusqu'au bout ; son vers, sautant d'une idée à l'autre sur la « raquette » de la rime, perd ces ailes divines qui devaient, suivant Victor Hugo, l'emporter droit dans les cieux ; son vol en zigzag est celui de la chauve-souris. Le culte de la rime pour la rime introduit peu à peu dans le cerveau même du poète une sorte de désordre et de chaos permanent : toutes les lois habituelles de l'association des idées, toute la logique de la pensée est détruite pour être remplacée par le hasard de la rencontre des sons. D'un cerveau ainsi façonné les idées partent l'une après l'autre, comme les coups de feu de jeunes recrues qui ne savent pas tirer encore. La pensée n'est plus maîtresse d'elle-même, elle disparaît sous le bruit discontinu du mot sonore faisant explosion à la fin du vers. C'est le *lyrisme* tel que l'a réalisé Boileau, avec l'incohérence remplaçant l'inspiration.

A ce premier inconvénient du culte de la rime, qui est pour ainsi dire de désapprendre à penser, il faut en joindre un second : celui de désapprendre à parler simplement, à employer toujours l'expression propre et concise. Le poète épris de la rime est sans cesse forcé, quand il ne veut pas laisser sa pensée interrompue, de la gonfler et de la distendre jusqu'à ce que, de vers en vers, il ait fini par découvrir la série de rimes riches qu'il demande. La périphrase et la métaphore sont la seule ressource pour bien rimer. De là, comme double conséquence, chez les parnassiens les périphrases ingénieuses « à la Delille, » et chez les romantiques des métaphores souvent superbes, quelquefois fausses, comme celles qu'on trouve chez Victor Hugo lui-même. On a dit fort bien de Th. Gautier que c'était un « Delille flamboyant. » Quant à Victor Hugo, il besoin de tout son génie pour se faire pardonner son habileté, et de toute la puissance de son art pour compenser les artifices où il se plaît trop souvent. Il est toujours resté en lui quelque chose de l'enfant-prodige, cherchant à « stupéfier les classiques » et parfois à les mystifier par quelque souplesse de son talent. Il éprouve du plaisir à montrer comment il sait jouer avec la rime, à nous présenter ses vers comme des solutions de problèmes insolubles; semblable à sa Djali de *Notre-Dame-de-Paris*, il dispose et combine en un clin d'œil sur son tapis de magicien les lettres ou les syllabes les plus diverses; seulement c'est une griffe de lion, souple et puissante, qui se glisse au milieu des mots, les pousse l'un contre l'autre et tout à coup les fait saillir en pleine lumière. On ne peut jamais assez l'admirer; mais il y a quelque chose de supérieur encore à l'admiration : c'est l'émotion, et il ne la produit qu'en s'oubliant lui-même, en ne faisant plus sentir qu'il rime, en dépouillant tout à fait le magicien. Lorsqu'on faisait à Rossini l'éloge de ses opéras italiens, il répondait en hochant la tête : trop de roulades, trop de roulades! « Trop

de rimes, » pourrait dire aussi notre grand V. Hugo de
certaines de ses œuvres.

L'impossibilité de rester simple en cherchant des rimes
riches risque à son tour d'entraîner comme conséquence
un certain manque de sincérité. La fraîcheur du sentiment
pris sur le vif disparaîtra chez l'artiste de mots trop consommé; il perdra ce respect de la pensée pour elle-même
qui doit être la première qualité de l'écrivain. Il est bon
quelquefois de parler par métaphores et par tirades; il est
bon aussi de dire tout simplement sa pensée, telle qu'elle
est éclose au fond du cœur. Lorsque le poète décrit ou
raconte, l'exagération du coloris est encore pardonnable :
on peut charger un paysage, cela n'a qu'un demi-incon-
vénient; la terre est grande, et il est généralement possible de localiser quelque part ce que le poète nous fait voir.
Aussi est-ce dans la poésie descriptive que la recherche de
la rime a le moins de danger : les parnassiens l'ont bien
senti, et leur école est celle de la description à outrance.
Le poète, lorsqu'il veut décrire, se trouve en présence
d'une multitude d'images simultanées, qui lui sautent aux
yeux suivant le hasard de son regard : il n'importe quelquefois guère de mettre l'une avant ou après l'autre. De
plus, rien ne serait froid comme une description méthodique et raisonnée, qui ressemblerait à une estimation de
commissaire-priseur; il y a dans la nature même un certain désordre : il faut l'y laisser. L'association des mots et
des rimes peut donc avoir ici le pas. Lors même que,
poussé par la rime, le poète rapproche deux images qui
semblent discordantes, il produit souvent ainsi des con-

trastes de couleur qui donnent un ton plus chaud à sa description. La recherche des rimes n'est pas étrangère à tel ou tel effet des *Orientales*, où le heurt d'images rapprochées par le simple hasard de la rime produit des couleurs crues comme certains paysages d'Orient. Lorsqu'on ne cherche dans la poésie absolument rien que des couleurs, on peut donc y mettre par surplus toutes les sonorités possibles : lorsque, avec certain héros de Th. Gautier, on ne rêve que trois choses dans l'existence, l'or, le marbre et la pourpre, on peut y ajouter ce quatrième idéal, la rime riche, et on sera parfaitement heureux à assez bon marché! Mais la poésie descriptive n'est pas la vraie poésie. Comme l'a remarqué finement M. Sully Prudhomme, « la palette du poète est si pauvre, comparée à celle du peintre, qu'il ne peut suppléer à l'insuffisance du vocabulaire descriptif qu'en associant toujours une émotion morale à son imparfaite copie de la ligne et de la couleur; » or, dès que le sentiment et l'émotion reprennent le premier rang, les mots et les sonorités tombent aussitôt au second [1]. Si l'on songe que dans la seule manufacture des Gobelins se fabriquent quatorze mille nuances distinctes, on verra combien, sans l'idée et le sentiment, la langue des sons serait impuissante à côté de celle des couleurs; de plus, la poésie ne peut guère figurer le mouvement, comme la peinture ou la sculpture. Pour peindre les choses, le poète est réduit à se peindre lui-même, à exprimer ses propres sentiments et les pensées où ils se formulent; or, dès que le sentiment et l'idée inter-

1. Sur la couleur dans la poésie, voir plus haut, p. 81.

viennent, le mot doit perdre sa valeur pour lui-même, s'effacer. Il nous semble qu'un vrai poète devrait trembler à la pensée qu'un seul jour, dans un seul de ses vers, il ait pu changer ou dénaturer sa pensée en vue de la sonorité ; quelle misérable chose que de se dire : Cette larme-là ou ce sanglot vient pour la rime riche ! La position du poète rimant ses douleurs ou ses joies est déjà assez choquante par moments, sans qu'on en exagère encore l'embarras en demandant à la rime « une lettre de plus qu'il n'en fallait jadis. » Devant l'harmonie large de la pensée, l'auditeur oublie les raffinements de l'oreille et ceux des autres sens, surtout quand ces raffinements s'exercent non seulement au sujet de sons musicaux comme les voyelles, mais de simples bruits comme les consonnes. Il n'est pas plus nécessaire d'accompagner du « tintement » de la rime riche une pensée puissante, portant son rythme et sa musique en soi, qu'il n'est utile d'accompagner l'*adagio* de la sonate pathétique, comme certains airs de danse, avec des cymbales et des castagnettes. Pour prendre un autre exemple du même genre, fait-on attention à une porte qui grince ou à une mouche qui bourdonne quand on écoute une symphonie d'un maître? On peut dire à ceux qui ont entendu tous les murmures confus de la salle : c'est que vous n'écoutiez pas, ou que, comme musicien, vous n'avez pas d'oreille.

Un dernier inconvénient, et non le moindre, du système poétique que nous examinons, c'est qu'il tend à appauvrir le cerveau du poète, à l'épuiser, à le vider par un procédé tout mécanique. Le nombre des idées, en effet, se trouve

diminué par cela seul qu'est diminué le nombre des mots;
il y a relativement peu de mots aux rimes pleines. Déjà le
vocabulaire de notre poésie est des plus pauvres. La langue de Racine se compose de quelques milliers de mots,
tandis que celle de Shakspeare est huit ou dix fois plus
riche; n'est-il pas étrange de voir le mouvement romantique, après avoir pris d'abord modèle sur Shakspeare, en
venir à trouver que Racine même a de trop grandes libertés, qu'il faut restreindre le nombre de mots rimant
ensemble et par là restreindre la somme totale des mots
composant le vers? car la rime détermine toujours plus ou
moins le reste du vers, et, quelle que soit l'ingéniosité du
poète, la même rime ne peut en général s'adapter qu'à un
certain nombre de pensées similaires. Aussi les poètes
modernes, malgré l'enrichissement considérable de notre
langue, ont des rimes tellement uniformes que, le plus
souvent, si l'on connaît l'une, on peut prévoir l'autre :
comment cette monotonie de la rime ne produirait-elle
pas une monotonie, une banalité de la pensée[1]?

1. Rappelons que V. Hugo lui-même, malgré son génie, tourne
dans un cercle de mots bien souvent trop étroit : toutes les fois qu'il
emploie le mot *juif*, il se voit forcé d'amener *suif* pour avoir une
consonance parfaite; *lueur* fait venir *sucur;* trop souvent aussi *tom-
beau* se lie à *flambeau. monde* à *immonde*, etc.; on pourrait trouver
par centaines des exemples de ce genre. Si, à toutes ces associations habituelles créées entre les mots par la rime riche on ajoute
les associations nécessaires auxquelles le vers français a toujours
donné lieu, — le rapprochement inévitable d'*arbre* et de *marbre*,
seules rimes possibles, de *voile* et d'*étoile* ou *toile*, d'*aigle* et de *règle*,
de *glauque* et de *rauque*, d'*astre* et de *désastre* ou *pilastre*, etc., etc.,
— on verra combien la pensée des poètes modernes est forcée de
revenir sur elle-même, de se répéter, de se contourner pour se sou-

Avec cette forme trop pauvre, il devient tellement difficile d'être original en vers, qu'on comprend ceux qui cherchent l'originalité dans la fausseté des idées et des images, comme l'ont fait souvent Baudelaire et ses successeurs ; il y a un moyen suprême de tirer quelque chose de nouveau des vieux mots et des vieilles rimes : c'est de chercher entre eux des alliances impossibles et des rapprochements absurdes. Le poète supplée alors à sa pauvreté par de la fausse monnaie. — Quant à ceux qui veulent rester vrais et sincères, il se trouvent réduits à l'impuissance ; on voit de beaux talents pleins d'espérance s'épuiser, se tarir, et la faute en est pour une certaine part à l'épuisement même de leur langue ; la source la plus féconde a encore besoin de trouver un lit qui lui convienne pour ne pas être absorbée et disparaître. Il est des cours d'eau de l'Afrique dont la nappe liquide roule ample et triomphante,

mettre à des entraves souvent arbitraires. A en croire M. de Banville, si Boileau cherchait la rime «jusque dans les glaces où se perdit le capitaine Franklin,» V. Hugo, lui, ne la cherche jamais ; c'est elle qui « le prend au collet » On a toujours beau jeu à comparer Boileau avec V. Hugo ; n'est-ce pas un peu comme si l'on mettait en parallèle un enfant qui joue à la balle et un hercule qui jongle avec des poids de quatre-vingts kilogrammes ? Malheureusement le plus puissant de nos poètes cherche lui-même la rime, et personne ne l'a cherchée autant que lui : ses vers représentent un travail de compilation effrayant. Les noms propres les plus inconnus, et parfois les plus bizarres, ont été soigneusement notés par lui, ou consignés dans sa vaste mémoire ; il ne les accroche pas toujours sans effort. L'*Ane* déborde d'une érudition de ce genre que les érudits prétendent quelque peu factice. Quand il n'a pas la ressource du nom propre, V. Hugo lui-même se voit parfois un peu embarrassé. Tout le monde en trouvera des exemples dans sa mémoire, mais ce sont les qualités et non les faiblesses du grand poète qui doivent nous servir d'exemple.

comme prête à se frayer une route dans le sable; pourtant ils n'avancent jamais, aspirés au fond par le sable même et bus par un abîme invisible.

En somme, c'est dans le sens de la liberté que se fait en général tout progrès; c'est dans ce sens que doit se faire aussi le progrès du vers. La liberté du rythme était très insuffisante chez les classiques; celle de la rime est très insuffisante chez les romantiques. Nous avons vu que la conséquence est l'appauvrissement, ia croissante stérilité de la pensée même; car la forme du vers réagit toujours sur le cerveau du poète. Le remède serait l'absence d'entraves sans but, la suppression de règles non raisonnées: liberté c'est fécondité.

CHAPITRE V

LA PENSÉE ET LE VERS

En littérature et en poésie, comme en toute espèce
d'art, il ne saurait y avoir de révolution dans la forme
sans une révolution dans les idées ; c'est ce qu'oublient
trop nos prétendus novateurs d'aujourd'hui, et c'est
pourtant ce qui ressort des pages précédentes. L'émotion,
tel nous a paru être le principe psychologique du langage rythmé ; l'émotion, à son tour, a pour cause un
sentiment ; le sentiment lui-même se résout pour la
psychologie dans une pensée spontanée et encore confuse. Le principe dernier du langage rythmé, comme de
tout langage, est donc la pensée, et c'est elle qui, en
se modifiant, peut seule modifier profondément le
rythme et l'harmonie du vers. Boileau ne pensait ni
ne sentait de la même manière que V. Hugo et A. de
Musset ; de là vient que les règles de la métrique étaient
pour lui toutes différentes. La révolution poétique de
la première moitié de ce siècle s'est faite dans la pensée
bien avant de se faire dans la forme : des idées philoso-

phiques, religieuses, sociales, inconnues jusqu'alors des poètes, éclataient au beau milieu de ces tranquilles alexandrins que Delille attachait deux à deux, le matin, couché dans son lit bien chaud, fenêtres closes, en attendant que sa nièce lui apportât ses vêtements. Certes ces pauvres vers monotones et vides, cadre commode pour une pensée qui cherchait à penser le moins possible — c'est-à-dire à décrire — devaient être disloqués à jamais par le progrès de l'art. Il fallait, pour les idées nouvelles, pour les sentiments nouveaux, une forme plus flexible et plus riche, quoique imaginée d'après les principes immuables du vers ; par la force des choses, cette forme naquit : c'était comme le bouleversement moral et politique du siècle précédent qui finissait par retentir dans le domaine de la métrique.

La grande supériorité des contre-temps et des enjambements vient de ce qu'ils peuvent, en condensant deux ou trois phrases dans le même vers, y faire tenir plus d'idées, plus de sentiments, y accumuler pour ainsi dire plus d'émotion latente, plus de force nerveuse. Lorsque l'alexandrin de Boileau, avec sa démarche solennelle, pouvait porter en lui et soutenir une idée, c'était déjà beaucoup ; celui d'André Chénier et de V. Hugo est tout ensemble plus plein et d'allure plus rapide. Les phrases courtes, sentencieuses, vibrantes, les longues périodes entraînant avec elles un flot d'images, tout entre dans ce vers, qui est toujours capable de contenir ce qu'y veut mettre une pensée riche. Les auteurs du dix-huitième siècle et du dix-septième avaient des vers lâches et traînants où ils délayaient leur pensée ; l'idéal nouveau est de la condenser dans la mesure où on le peut sans lui ôter rien de sa clarté, et tel est au fond l'idéal même de toute poésie. La puissance et la variété de la pensée font l'harmonie du vers. Un des caractères de la phrase poétique, en effet, c'est qu'elle doit être plus nerveuse que la phrase en prose; les douze syllabes d'un vers doivent donner, nous l'avons vu, une idée de plénitude que douze syllabes du langage ordinaire ne sauraient donner : il faut donc qu'elles renferment et éveillent plus d'idées. Il faut que chaque mot porte, et que l'ensemble du vers vibre comme une corde d'instrument bien tendue. Le vers à coupe variée, qui, une fois dépouillé de ses défauts, permet plus qu'aucun autre cette concentration des idées, est bien celui qui convenait le mieux à l'époque où la pensée est le plus pressée, le plus vive d'allure, au dix-neuvième siècle. Tandis que notre langue vulgaire et même le vers des siècles précédents n'est souvent qu'une traduction diffuse de la pensée intérieure, le vers moderne essaye de rendre celle-ci dans toute sa puissance et sa vie ; c'est une traduction tellement proche du texte qu'elle donne parfois l'illusion de l'original : le poète semble se livrer à nous tout entier, et on croit sentir passer directement en soi l'âme même de nos grands hommes envolée avec leurs chants.

Alors que le romantisme marquait l'invasion d'idées nouvelles dans la poésie, on n'y a vu souvent qu'une innovation dans les mots, une réforme du vocabulaire, un retour au terme propre. Lui-même ne s'est guère mieux interprété ; attachant une importance essentielle à la rime,

il en vint à adorer le mot, qu'il confondit absolument avec
l'idée; le mot, « vie, esprit, germe, ouragan, vertu, feu [1]. »
Le culte du « pittoresque,' » qui réside surtout dans les
mots, remplaça celui de la beauté véritable, qui réside
surtout dans la réalité et dans la pensée. De là, la recherche
des termes « empanachés » et bruyants, qui laissent dans
l'oreille une sorte de bourdonnement confus et dans l'esprit
des images incohérentes, sans présenter aucune idée
claire. Th. Gautier, doublement fier de son habileté dans
l'art des mots et de sa force en gymnastique, aimait à
s'écrier : « Moi, je suis fort, j'amène 520 sur une tête de
Turc, et je fais des métaphores qui se suivent! Tout est
là. » Des noms aux « triomphantes syllabes, » sonnant
comme des « fanfares de clairon, » ou encore des « mots
rayonnants, » des « mots de lumière, » voilà, selon
Th. Gautier, toute la poésie lyrique [2]. Quant au roman et au
drame, il a besoin d'une autre espèce de mots, ceux qui
offrent au palais une saveur excitante et épicée. « Les
classiques ont pipé les niais de leur époque avec du sucre ;
ceux de maintenant aiment le poivre : va pour le poivre !

1. *Contemplations*, I, vii.
2. M. de Banville cite les deux vers suivants de V. Hugo :

> C'est naturellement que les monts sont fidèles
> Et purs, ayant la forme âpre des citadelles.

Dans ces vers il se contente d'admirer comment « le grand mot
terrible *citadelles* est appuyé sur le mot court et solide *âpre;* » mais,
ainsi qu'on le lui a objecté avec raison, le mot *citadelles* n'est terrible que par le sens; «autrement le mot *mortadelles* serait plus
terrible, s'il ne désignait une espèce de charcuterie. » (J. Weber, *Les
Illusions musicales.*)

Voilà tout le secret des littératures. » Le **romantisme**
touche ici de bien près au « naturalisme » d'aujourd'hui.
G. Flaubert, qui se rattache si étroitement aux romantiques,
n'avait pas un moindre culte du mot pour le mot même.
Quoiqu'il n'eût jamais fait de vers, il émettait cette théorie
singulière, en contradiction avec les paroles précédemment
citées par nous, qu' « un beau vers qui ne signifie rien est
supérieur à un vers moins beau qui signifie quelque
chose. » Si on prend au sérieux ces principes de poétique,
il ne reste plus qu'à disposer en vers à rimes riches les
belles sonorités empruntées à la langue turque du *Bour-*
geois gentilhomme :

> *Marababa sahem, yoc salamalequi,*
> *Carbulath onchalla, croc, catamalequi.*

On ne reprochera pas du moins à ces vers de signifier
quelque chose.

De tels principes étant admis par les chefs du mouvement romantique, il était facile de déterminer d'avance
où ce mouvement devait aboutir. Derrière les grands
talents et les penseurs allaient venir ceux qui ne pense-
raient plus et qui, chose extraordinaire, s'en feraient
gloire. A toutes les époques de la littérature, à la fin de la
poésie grecque et latine ou de notre propre poésie classique,
un fait analogue s'était produit : la recherche du mot avait
remplacé celle de l'idée; mais ni les Callimaque, ni les
Stace, ni les Delille n'avaient raisonné aussi bien les principes de leur art. Pour trouver l'exact pendant du « Par-
nasse contemporain, » il faut le chercher au temps où

triomphaient « Ravisius Textor » et « Gradus ad Par-
nassum, » et où fleurissaient les poètes pseudo-latins,
dont se moqua Boileau lui-même. Nos parnassiens d'aujourd'hui, en croyant faire des vers français, font en
réalité des vers latins : ce sont les mêmes procédés, —
chevilles, épithètes ingénieuses, centons pris dans les bons
auteurs, — avec le souci de la rime remplaçant celui du
dactyle. Ils croient parler la langue de V. Hugo, comme
Lebeau croyait parler celle de Virgile; et en effet ils ont
retrouvé la lettre, mais où est l'esprit? Le vers ne peut pas
vivre ainsi de sons et de mots vides. Même dans la musique,
quoi qu'en aient dit MM. Hanslick et Beauquier, le simple
plaisir de l'oreille ne nous suffit pas : nous voulons la profondeur du sentiment et de l'idée; pourtant la musique,
variant sans cesse la hauteur des sons, peut encore nous
charmer par de simples roulades et des fioritures. Il n'en
est plus ainsi du vers, qui tire son harmonie du rythme et
de l'accent; nous ne l'écoutons plus en simples dilettanti
et pour ainsi dire avec notre oreille seule. Aussi peut-on
moins aisément supporter la lecture de sots vers que de
sotte prose. Un vers où la pensée est insuffisante et banale
offre quelque chose de contradictoire et de choquant,
puisque, fait pour produire l'émotion par sa forme rythmée,
il tend à la détruire par son sens : c'est une sorte de
monstruosité. Un vers bien scandé, sonore, qui semble
tout frémissant d'émotion, prêt à chanter, et qui pourtant
ne nous chante rien au cœur, ressemble à un rossignol
mis en cage, dont la voix est tombée avec les ailes; nous
pensons à tout ce qu'il pourrait nous dire si un coup d'aile

le soulevait tout à coup, s'il lui revenait quelque sentiment
be l'air libre, et nous n'éprouvons plus devant lui que tristesse et pitié.

D'après ces principes, nous pouvons maintenant mieux
apprécier à leur juste valeur les théories étranges de certains poètes contemporains sur le rôle des « chevilles » dans
la poésie, où elles seraient destinées à remplacer la pensée.
Ces théories ont leur origine, il faut le reconnaître, dans
une observation historique ingénieuse : il s'agit de la façon
différente dont on faisait autrefois et dont on fait aujour-
d'hui les mauvais vers. Les poètes du dix-septième siècle
usaient peu de la cheville telle que l'entendent les modernes,
c'est-à-dire de ces chevrons placés *à l'intérieur du vers*
pour accrocher deux idées souvent disparates, mises en
relief à la fin. Le point faible du vers était plutôt chez eux
à la rime, sous la forme d'une épithète ou d'un substantif
superflus :

> Je sors et vais me joindre à la troupe *fidèle*
> Qu'attire de ce jour la pompe *solennelle.*

Afin de pallier ce défaut si fréquent dans les vers du dix-
septième siècle, on sait le procédé vanté par Boileau et qui
consistait à faire passer la rime faible la première, pour que
l'esprit restât de préférence sur l'idée saillante. Construisant
ainsi ses vers deux par deux, il les comparait à ces moines
que le prieur ne laisse pas sortir seuls, mais envoie de
compagnie, afin qu'ils se surveillent l'un l'autre. Ce procédé était trop primitif; de nos jours, le savoir-faire est
beaucoup plus grand. C'est dans l'intérieur du vers qu'on

tâché d'introduire les mots de remplissage. L'imagination étant plus libre à notre époque, on craint moins la discontinuité dans la pensée : pour amener une rime riche, on se borne donc à inventer une métaphore plus ou moins baroque, une comparaison des plus inattendues, et par cette transition tout artificielle, qui dissimule la cheville au cœur du vers, on réussit à accoupler deux rimes surprises de se trouver ensemble. Aussi les vers faibles de nos jours ne ressemblent-ils en rien à ceux du dix-septième siècle : au lieu d'être simplement nuls, ils sont extravagants. Dans V. Hugo, remarquons-le, il y a peu de vers vraiment vides, mais des vers étranges, qui déconcertent. Par exemple, après avoir parlé dans les *Contemplations* de la toute-puissance du mot, cet être ailé « qui sort des *bouches*, » V. Hugo ajoute aussitôt :

La terre est sous les mots comme un champ sous les *mouches*.

Cette comparaison est évidemment une cheville destinée à amener la rime; mais le point faible n'apparaît pas à la rime même, qui est sonore et faite d'un substantif; il est dans tout l'ensemble du vers et dans l'image d'assez mauvais goût qui le remplit. Ainsi de nos jours la cheville peut coïncider avec des rimes « pittoresques; » ce qui était impossible au dix-septième siècle, lorsque la pensée du poète se déroulait logiquement dans sa nudité et que le mot mis pour la rime, honteux de lui-même, se gardait de faire trop de bruit. Parfois alors, on distendait sa pensée pour la mettre en vers; maintenant on préfère la laisser diva-

guer tout à son aise. Y gagnons nous?... Par bonheur,
l'estheticien n'a pas à indiquer de procédés pour la construction des mauvais vers. Nous pouvons nous contenter
d'établir cette règle générale : chaque vers doit contenir
une idée de valeur qui lui soit propre et qui cependant se
rattache aux idées exprimées dans les vers précédents et
suivants; en d'autres termes, il faut que chaque vers, d'une
part se suffise à lui-même, soit fait pour lui-même, ait une
vie propre (et en conséquence ne contienne pas un mot de
remplissage); d'autre part il faut qu'il se lie intimement
aux autres vers et soit fait pour eux.

Si la pensée est le fond de la musique du vers, s'ensuit-il
que le poète pensera absolument de la même manière que
le prosateur et suivra toujours les mêmes procédés de raisonnement? Non, et Boileau, qui paraissait le croire, avait
tort. D'abord la passion ne permet pas les longues séries
de déductions savamment enchaînées : elle ne supprime
pas pour cela le raisonnement, comme le croit M. de Banville, mais elle le raccourcit [1]. Ensuite, si l'émotion tend à

1. Les tournures poétiques, comme on l'a remarqué, ont beaucoup d'analogie avec les tournures du langage populaire, qui
accompagne en général ou précède d'assez près l'action : elles se
rapprochent du geste. Si les poètes peignent un combattant qui
frappe, la phrase même tend à se disposer comme un bras levé,
puis à retomber, frappant elle-même l'oreille (par exemple dans le
combat du fils d'Égée contre le centaure, décrit par A. Chénier).
De là les inversions destinées à mettre en relief la pensée saillante.
Nous ne parlons pas, bien entendu, de l'inversion classique ridicu-
lisée par V. Hugo dans le vers fameux :

De chemin, mon ami, suis ton petit bonhomme,

mais de l'inversion expressive, dont fourmille la langue de V. Hugo

produire un rythme dans le langage, elle tend à rythmer
la pensée même, à y introduire une sorte de balancement
harmonieux, à la rendre pour ainsi dire ondulante au lieu
de la laisser aller droit son chemin. Nous avons le plus
frappant exemple de cette pensée rythmée dans la poésie
hébraïque. Il y a des strophes de pensées comme il y a des
strophes de mots, et on ne peut écrire les secondes que si,
avant de s'exprimer dans des mots précis, la série des idées
poétiques s'est déjà organisée d'elle-même en groupes
réguliers, se correspondant l'un à l'autre. Ce rythme, qui
remonte jusqu'à l'intelligence et va régler pour ainsi dire
jusqu'aux vibrations de nos cellules cérébrales, est, comme
on le voit par l'exemple des Hébreux, tout à fait indépen-
dant de l'action exercée par la rime. Il est certaines pensées
qui naissent en nous toutes prêtes à être mises en vers,

lui-même comme d'ailleurs la langue populaire. Outre cette hardiesse
expressive des tournures, la poésie exige des mots concrets, avant tout
des verbes, et parmi les substantifs ceux qui expriment autant que
possible des actions. Les mots les plus primitifs, qui se trouvent
souvent aussi les plus courts, sont en général préférés ; pour
précipiter la pensée, on supprime une foule de mots secondaires qui
servent en prose à relier les phrases ou à les remplir ; pour la
diriger du premier coup sur l'objet à voir, on emploie les termes
propres et concis. Précisément parce que le langage poétique doit
être plus voisin de l'action, il doit être plus imagé que la prose.
L'image, comparaison ou métaphore, n'est qu'un moyen de
nous faire voir et sentir l'idée, conséquemment de la mettre
en action ; toutes les fois que l'image n'est pas cherchée, elle
ne complique donc pas, elle simplifie. Aussi le langage poétique est-il en somme le langage actif et primitif par excellence :
quand il exprime les idées les plus hautes, c'est par les moyens
les plus simples, et l'idée grandit dans cette simplicité même de
l'expression.

qui sont déjà des vers; il y a une sorte de poésie sans
paroles, d'harmonie délicieuse des pensées entre elles qui
ne demande qu'à s'exprimer, à devenir sensible pour
l'oreille. Cette belle jeune fille de la légende dont chaque
parole faisait sortir un joyau de sa bouche, c'est la poésie ;
la pensée du poète, vivante et frémissante encore, vient
s'enchâsser dans l'or et le diamant : on ne peut plus l'en
séparer sans la briser.

Bien avant de subir l'influence de la rime, la pensée du
poète diffère donc en sa marche de celle du prosateur,
l'une étant toute droite pour ainsi dire, l'autre ondulant à
travers le flux et le reflux des strophes. La rime, nous
l'avons vu, accentue encore cette différence. Il serait
absurde de soutenir que la rime n'agit pas ou ne doit pas
agir sur la pensée du poète (quoiqu'il soit encore plus
absurde de voir en elle un moyen infaillible de fournir
l'idée). La vérité est que, dans l'esprit du poète, la rime et
la pensée s'influencent l'une l'autre, s'attirent et gravitent
pour ainsi dire l'une autour de l'autre sans jamais confondre entièrement leur marche et sans jamais se heurter.
L'association des résonances et celle des idées doivent
aller de front ; mais c'est dans l'inspiration seule que ces
deux tendances distinctes — rapprocher les mots et
enchaîner les idées — se coordonnent parfaitement : alors
elles réagissent l'une sur l'autre de la façon la plus heureuse. C'est ainsi que dans une symphonie, où le musicien doit adapter l'une à l'autre deux phrases musicales, il
peut, soulevé quelquefois par l'inspiration, les écrire toutes
deux ensemble et mettre dans chacune prise à part plus de

beauté qu'elles n'en auraient eu si elles avaient été conçues séparément. La poésie est une sorte de symphonie de ia parole et de la pensée. C'est ce qui explique l'impossibilité de bien traduire en vers une pensée déjà exprimée et en quelque sorte déjà refroidie. On ne peut jeter dans un moule que du métal en fusion. Les plus grands poètes échouent bien souvent lorsqu'ils veulent mettre en vers ou la pensée d'autrui ou même leur propre pensée déjà fixée dans la prose. Victor Hugo lui-même, le plus prodigieux versificateur qui ait jamais existé, ne pourrait maintenant mettre en vers *Notre-Dame de Paris*.

En résumé, le langage du vers correspond physiologiquement à une certaine tension du système nerveux, psychologiquement à une certaine puissance de la pensée émue; une fois débarrassé de tout artifice, ce langage vibrant et fait pour ainsi dire de passion restera le langage naturel de toute émotion grande et durable. Les mots simples, primitifs, concrets, qui seuls conviennent à ce langage, sont le plus souvent vieux comme le monde; le poète les force à recevoir et à rendre nos idées modernes, et malgré nous ils résonnent à nos oreilles d'un accent profond comme le passé, doux comme ces vieux refrains auxquels sont associés des souvenirs de jeunesse : nous sentons en les entendant se réveiller en nous l'antique nature humaine, tout instinctive et passionnée. L'émotion que la poésie nous donne a ainsi la puissance du souvenir.

En même temps elle a celle du pressentiment : ce n'est pas sans motif que l'antiquité voyait en l'inspiration des grands poètes une sorte de divination. Dans les cirques de montagnes se trouvent des recoins profonds où viennent coïncider tous les bruits des monts qui s'élèvent à l'entour ; un écho musical en sort qui résume en lui la vie de toute la montagne, depuis sa base jusqu'à son faîte : c'est ainsi que, dans le cœur des grands poètes, tout le cycle de la vie humaine vient pour ainsi dire aboutir et éveiller une voix ; le passé, le présent, l'avenir des générations qui s'accumulent autour d'eux et au-dessous d'eux viennent également y retentir. Les Homère et les Shakspeare ont senti tressaillir en eux le fond éternel de la nature humaine. « Quand je vous parle de moi, je vous parle de vous. » Ils sont eux, ils sont nous, ils sont aussi l'avenir. La pensée qu'ils expriment, tout imprégnée de sensibilité, est ce qui, dans l'homme, ne passe pas, ce qui survit aux formes souvent fragiles où s'enferme l'intelligence abstraite. Nous savons que la poésie est à peu près par rapport à la prose ce que les cris et les plaintes sont par rapport au langage articulé ; or un cri, c'est la joie ou la douleur rendue présente et saisissable pour toute oreille, à toute époque de l'histoire, en tout pays : c'est donc un langage toujours sûr d'être compris et dont la prose ne saurait jamais acquérir l'universalité. Ajoutons que le principe de la poésie — la sensibilité, avec sa joie et ses peines — semble être aussi le principe premier de toute pensée comme de tout langage. S'il en est ainsi, si des profondeurs du sentiment ont surgi à la fois la pensée et la parole, peut-être est-ce par la poésie qu'il nous est donné de pénétrer le plus près du point vivant d'où est sortie toute l'intelligence humaine.

TABLE DES MATIÈRES

LIVRE III

BIBLIOTHÈQUE DE PHILOSOPHIE CONTEMPORAINE

FOUILLÉE (Alf.), membre de l'Institut **La Liberté et le Déterminisme.** 6ᵉ édition. 1 vol. in-8°.................................... 10 fr. »
— **Critique des systèmes de morale contemporains.** 7ᵉ édition. 1 vol. in-8°.................................... 10 fr. »
— **La Morale, l'Art et la Religion d'après Guyau.** 9ᵉ édition, augmentée. 1 vol. in-8° avec biographie, portrait et autographes de Guyau.................. 5 fr. »
— **L'Avenir de la métaphysique fondée sur l'expérience.** 3ᵉ édition. 1 vol. in-8°.................................... 7 fr. 50
— **L'Evolutionnisme des idées-forces.** 6ᵉ édition. 1 vol. in-8°.......... 10 fr. »
— **La Psychologie des idées-forces.** 5ᵉ édition. 2 vol. in-8°............ 20 fr. »
— **Morale des idées-forces.** 3ᵉ édition. 1 vol. in-8°.................... 14 fr. net
— **Tempérament et caractère.** 4ᵉ édition. 1 vol. in-8°................. 7 fr. 50
— **Le Mouvement positiviste et la conception sociologique du monde.** 3ᵉ édition. 1 vol. in-8°.................................... 7 fr. 50
— **Le Mouvement idéaliste et la réaction contre la science positive.** 4ᵉ édition. 1 vol. in-8°.................................... 7 fr. 50
— **Psychologie du peuple français.** 5ᵉ édition. 1 vol. in-8°............ 10 fr. »
— **La France au point de vue moral.** 6ᵉ édition. 1 vol. in-8°.......... 10 fr. »
— **Esquisse psychologique des peuples européens.** 6ᵉ édition. 1 vol. in-8°. 10 fr. »
— **Nietzsche et l'Immoralisme.** 4ᵉ édition. 1 vol. in-8°................ 7 fr. 50
— **Le Moralisme de Kant et l'amoralisme contemporain.** 2ᵉ édition. 1 vol. in-8°.................................... 7 fr. 50
— **Les Eléments sociologiques de la morale.** 2ᵉ édition. 1 vol. in-8°.... 7 fr. 50
— **La Propriété sociale.** 4ᵉ édition. 1 vol. in-18..................... 3 fr. »
— **La Philosophie de Socrate.** 2ᵉ édition. 2 vol. in-8°................. 15 fr. »
— **Le Socialisme et la sociologie réformiste.** 2ᵉ édition. 1 vol. in-8°.... 10 fr. »
— **La Démocratie politique et sociale en France.** 2ᵉ édition. 1 vol. in-8°. 5 fr. »
— **La Pensée et les nouvelles écoles anti-intellectualistes.** 4ᵉ édition. 1 vol. in-8°.................................... 10 fr. »
— **Esquisse d'une interprétation du monde,** d'après les manuscrits de l'auteur, revus et mis en ordre par Emile Borac. 1 vol. in-8°.......... 10 fr. »
— **Humanitaires et libertaires,** *au point de vue sociologique et moral. Etudes critiques.* 1 vol. in-18.................................... 3 fr. »

GUYAU (J.-M.). **La Morale anglaise contemporaine.** 6ᵉ édition. 1 vol. in-8°. *(Couronné par l'Institut).*.................................... 7 fr. 50
— **Les Problèmes de l'esthétique contemporaine.** 10ᵉ édition. 1 vol. in-8°. 5 fr. »
— **Esquisse d'une morale sans obligation ni sanction.** 16ᵉ édition. 1 vol. in-8°.................................... 5 fr. »
— **L'Irréligion de l'avenir.** 21ᵉ édition. 1 vol. in-8°.................. 10 fr. »
— **L'Art au point de vue sociologique.** 12ᵉ édition. 1 vol. in-8° .... 10 fr. »
— **Education et Hérédité.** 15ᵉ édition. 1 vol. in-8°.................... 7 fr. 50
— **La Genèse de l'idée de temps.** 2ᵉ édition. 1 vol. in-18............. 3 fr. »
— **Vers d'un philosophe.** 10ᵉ édition. 1 vol. in-18.................... 4 fr. 75
— **La Morale d'Epicure et ses rapports avec les doctrines contemporaines.** 6ᵉ édition. 1 vol. in-8°.................................... 7 fr. 50

GUYAU (Augustin). **La Philosophie et la Sociologie d'Alfred Fouillée,** avec biographie, portrait et extraits inédits. 1 vol. in-8°.............. 5 fr. »

— **Œuvres posthumes.** *Voyages, Feuilles volantes, Journal de Guerre,* suivis d'une notice sur l'auteur par Paul Janet. Membre de l'Institut. 1 vol. in-8° avec 24 planches hors texte, un portrait et un autographe.............. 5 fr. »